荒木大輔のいた1980年の甲子園

荒木大輔のいた１９８０年の甲子園

第3章　惜敗　勝ち切れなかった優勝候補 73

第4章 圧倒 東京では負けなかった早実

技術だけでは東京の早実には勝てない
スーパースターをみんなで守る
どんなに強い相手でもひるまない
ど真ん中に投げても打たれない
選手を追い込まないから力が出る
東京の代表なら甲子園でも勝てる
満を持して甲子園に乗り込んだ3年の春
同級生だけど、荒木は別格
きっちり試合をつくられてしまう
憧れの存在だけど負けたくない
目立たないと誰も注目してくれない
ただただ荒木大輔になりたかった
アウトをひとつずつ取ることだけ考える
いままで生きてきたなかで最高の感激

※本文の敬称は省略させていただきます

プロローグ

松坂大輔が横浜（神奈川）のエースとして甲子園に乗り込み、春のセンバツに続いて全国選手権も制した１９９８年の夏。その大会で聖地に足を踏み入れた55校の野球部員の中には、14人もの「大輔」がいた。

１９８０年９月13日生まれの松坂の名前が、ひとりの甲子園球児からとられたことはよく知られている。身重だった松坂の母が荒木大輔の姿に惚れ、我が子に「大輔」と名付けたのだ。松坂がもし「大輔」という名前でなかったならば、１９９８年夏の甲子園のあの伝説もまた違ったものになっていたかもしれない。

１９８０年夏、早稲田実業（東京）の背番号11をつけて甲子園のマウンドに立った16歳の荒木の人生は、初戦の北陽（大阪、現関西大北陽）戦での勝利によって大きく変わった。地方予選のチーム打率が出場校のなかで最高の３割７分４厘と強打を誇った優勝候補をわずか１安打で完封してみせたのだ。その試合の前後について、荒木本人はこう語っている。

「甲子園に出場しても、特に騒がれることはありませんでした。予選の東東京大会で投げましたが、『甲子園には先輩たちに連れてきてもらった』と感じていました。でも、北陽戦のたった２時間で、早実の周りだけが別の世界になってしまった」

高校野球きっての名門・早稲田実業の1年生投手が素晴らしいピッチングを見せたことで、報道陣は色めき立った。名だたる強豪校の上級生たちに果敢に挑む姿も見事だったが、クールなマウンドさばき、端正なマスクと涼しげな表情が、テレビの前の女子高生をはじめ、多くの女性ファンを魅了したのだ。「汗まみれ」「泥だらけ」のイメージが強い高校球児のなかにあって、荒木は異彩を放っていた。

北陽戦のあとは宿舎の前に人だかりができ、選手たちは身動きが取れなくなった。北陽戦の観衆は4万4000人だったが、その5日後に行われた東宇治（京都）との2回戦には5万8000人が押し寄せ、甲子園がふくれ上がった。

1980年に62回を数えた夏の全国選手権では、1年生が活躍することは決して珍しいことではなかった。古くは、早稲田実業の王貞治が1956年の夏に甲子園出場を果たし、1977年の第59回大会では「バンビ」と呼ばれた東邦（愛知）の坂本佳一《よしかず》が人気を集めた。だが、荒木の残したインパクトは、先人たちのそれとは別種のものだった。

荒木が高校に入学する前の1979年、プロ野球と甲子園では歴史的な出来事が立て続けに起こっている。

1978年のドラフト会議直前に、「空白の一日」で読売ジャイアンツと入団契約を交わした江川卓がプロ野球デビューを果たした年であり、その年のシーズンには、江川の身代わりとなって阪神タイガースに移籍した小林繁が22勝を挙げ、最多勝のタイトルと沢村賞を受賞した。

高校野球では、尾藤公《ただし》監督に率いられた箕島（和歌山）の選手たちが躍動。センバツで日本一に輝くと、夏の全国選手権では3回戦で星稜（石川）との延長18回の激闘を制し、そのまま頂点まで上りつめて春夏連覇を達成した。これは、史上3校目（当時）の快挙だった。

そして、1979年の野球シーズンを締めくくったのが、広島東洋カープと近鉄バファローズによる日本シリーズだ。1975年に球団創設以来初となるリーグ優勝を飾ったカープはこの年、2度目のセ・リーグ制覇。ブルペンにはリリーフエースとして江夏豊が控えていた。3勝3敗で迎えた第7戦、ゲームセットの瞬間にマウンドで両手を上げて飛び上がったのは、江夏だった。この試合の9回裏の攻防は「江夏の21球」としてプロ野球の伝説となり、いまも語り継がれている。

その翌年、野球界に降臨したのが「甲子園のアイドル」だった。

40年近く前の高校野球は、いまよりもはるかに泥だらけで男臭かった。球児たちはストレートに喜怒哀楽を表現していて、試合後にグラウンドで泣き崩れる選手はいくらでもいた。そのころも大会関係者によって派手なガッツポーズはいさめられたが、それでも勝利した高校の選手たちは拳を突き上げて喜びを爆発させたものだ。

当時、まだ中学生だった私には、甲子園球児たちは荒々しく凶暴にすら見えた。あからさまなラフプレーも頻繁に見られたし、デッドボールを当てられた打者が投手をにらみつける場面も少なくなかった。額に青々とした剃り込みを入れ、ピンピンに眉毛を細く尖らせた選手もたくさんいた。

中学生には「荒くれ者」に見えた球児が集まる甲子園で、いかつい強打者たちをストレートとカーブだけで打ち取っていく荒木の姿は異質だった。相手の闘志を軽く受け流す1年生投手には冷静さが備わっていた。高校入学後の5月に16歳になったばかりの少年は、2回戦以降も初戦と変わらない落ち着いたピッチングを見せた。

大会前、優勝候補に名が挙がらなかった早稲田実業は、荒木に引っ張られるように、一戦ごとに力をつけていった。2回戦は東宇治に9対1、3回戦は札幌商業（南北海道）に2対0、準々決勝は興南（沖縄）に3対0で勝利。準決勝では瀬田工業（滋賀）を8対0で撃破し、決勝まで駒を進めた。

荒木は準決勝を終えた時点で44回3分の1を投げ、失点ゼロ。あと1イニングを無失点に抑えれば、連続無失点の大会記録を更新することになっていた。しかし、決勝で待ち構えていた、愛甲猛率いる横浜打線に初回から捕まり、3イニングで5点を奪われて敗れた。

1年生の夏の甲子園で準優勝したのだから、2年生、3年生になって実力がつけば日本一になれるだろう。そう思ったファンもいたかもしれない。だが、勝負の世界はそんなに甘いものではない。2年の春は初戦で敗退し、夏は3回戦で敗れた。3年春のセンバツと最後の夏も準々決勝で姿を消し、結局は1年夏の甲子園が荒木の最高成績となった。

どんなに弱い高校の野球部員でも、甲子園に出場できる可能性は5回あるが、実際に5大会連続で甲子園まで勝ち上がるチームはほとんどない。しかし、荒木は5度とも甲子園に出場し、通算12勝5敗という成績を残した（17試合、141イニングを投げ、防御率1・72）。日本一にはなれなかったが、1980年の夏から1982年の夏まで、高校野球は荒木を中心に回っていた。「荒木大輔の時代」は確かにあったのだ。

その2年間、日本中の高校球児が「甲子園のアイドル」を倒すことを目指した。

荒木の1学年上で、報徳学園（兵庫）のエースで四番だった金村義明は、「ジェラシーの塊だった」と、当時を振り返っている。また、1982年の夏に荒木から17安打を放ち、14対2で早稲田実業に引導を渡した池田（徳島）のエース・畠山準《ひとし》は、「早稲田実業に勝ったあと、カミソリ入りの手紙がどれだけ届いたか」と嘆いた。

球児として「大ちゃんフィーバー」を経験した人たちは、その凄まじさについて、こう口を揃える。

「2006年のハンカチ王子（斎藤佑樹）なんか、比べものにならないくらいすごかった」

荒木の姿をひと目見ようと、女子高生や女性ファンが集まるのは、早稲田実業のグラウンドや試合が行われる球場だけではなかった。いまからすれば信じられないほど個人情報の扱いが緩かった時代に、「甲子園のアイドル」の気が休まる時間はなかっただろう。

「リラックスできたのは、校内とグラウンドの中だけだった」と本人は語っているが、荒木はメディアにどれだけ注目されても、黄色い声に囲まれても、最後まで冷静さを失うことも浮かれることもなかった。大会ごとに加熱する報道をよそに、静かにピッチングを磨き続けた。

甲子園に5回も出場しながら、一度も頂点に立てなかった荒木大輔。12勝を挙げながら、5度の敗北を味わった「甲子園のアイドル」。

誰よりも甲子園に愛されながら、最後まで甲子園に嫌われた男がいた2年5カ月はどういうものだったのだろうか。

荒木と同じ中学に通っていた宮下昌己《まさみ》（日大三→中日ドラゴンズ）、早稲田実業のチームメイト・石井丈裕（元西武ライオンズ）、東東京地区でしのぎを削った二松學舎大附属のエース・市原勝人（現二松學舎大附属野球部監督）をはじめ、甲子園で戦った愛甲猛（横浜→ロッテオリオンズ）、金村義明（報徳学園→近鉄バファローズ）、畠山準（池田→南海ホークス）、川相昌弘（岡山南→読売ジャイアンツ）など、彼と同じ時間を過ごした球児や関係者、そして荒木自身の証言をもとに、「荒木大輔の時代」に迫っていく。

第1章
世界一の少年　リトルリーグ世界大会優勝

少年にとって、野球という世界は限りなく広い。

テレビをつければ、毎日のようにプロ野球選手がリーグ優勝を目指して戦っている。高校球児が日本一を争う春と夏の甲子園はNHKで1回戦から決勝戦まで、すべての試合を見ることができる。

だが、自分との距離がどれだけあるのかは測れない。道しるべとなる存在がなければ、どこへ行けばいいのか、何をすればいいのかもわからない。

ただ、幸運なことに荒木大輔の目標はすぐ近くにいた。

荒木にとって、4歳違いの兄・健二は憧れでもあった。

健二は調布リトルでプレーしたあと、早稲田実業（東京）で4回も甲子園出場を果たし、早稲田大学野球部でも活躍した。

荒木は言う。

「野球という世界に兄貴がいた。野球に関しては、すべてを兄から学びました。僕にとってはすごい野球選手で、その真似をすればうまくなれると思っていた。いい先生でもあり、憧れでもあり、もちろん、兄でもある。僕の目標はぜんぶ兄貴なんです。

リトルリーグのときから間近で活躍を見て、監督やコーチにどれだけすごかったかを聞かされてきました。だから、いずれはその上をいってやろうと考えていました」

その目標を対外的に口にする機会は意外に早く訪れた。１９８０年夏の東東京大会で優勝を飾ったそのあと、インタビューでこう答えた。

「僕は5回、甲子園に行きます」

16歳になったばかりの少年が語った目標をどれだけの人が本気にしただろうか。だが、荒木は真剣だった。

「兄貴は１９７７年春から４季連続で甲子園に出ました。2年生の春から3年生の夏まで。絶対にそれを超えてやろうと思ったんでしょうね」

4歳上の兄と対等に勝負したかった

子どものころ、ワンパク盛りの兄からすれば、4歳違いの弟は足手まといだったに違いない。体力差もあって同じ遊びをするのは難しい。それでも荒木は必死でついていった。

「普段の遊びでも一緒に回ってましたね。コマ回しやメンコでも。オミソ扱いじゃなくて、対等に勝負したかった。4歳上の兄貴とその友達についていこうと必死でね。野球でもそうでした」

4歳下の弟と遊ぶことには照れもあったはずだが、兄はいつも優しかった。

「妹ならともかく、弟だったから邪険にされてもおかしくなかったんだけど、本当に優しい兄貴でした。僕は『来るな』と言われてもついていってたしね。対等に勝負することはできなくても、4歳上の人と張り合うことが僕のベースになっていました。兄貴を目標にしているとか、兄貴みたいになりたいと言ったことはあったのかな？　そういう気持ちを察してくれていましたね」

荒木は、ふたりの兄に続いて調布リトルに入団し、硬式野球を始めた。１９７６年、小学6年生でリトルリーグの日本選手権、極東大会に優勝し、その勢いのまま世界大会でも優勝を果たした。エース兼三塁手として、12歳で世界一に上りつめたのだ。

しかし、リトルリーグ世界一のメンバーがそのまま活躍できるほど高校野球の世界は甘くはない。レベルが上がれば要求されることも増えるし、練習量が増せばどこかを故障する可能性も高くなる。

ただ、荒木には確かな道しるべがあった。

「兄貴もそうですし、リトルリーグの先輩のその後を見ると、なんとなくやれそうだなと感じていました。いきなりそのレベルに行くのは難しくても、行き方はわかっていました。だから、自分がその年齢になったころには『そこ』まで行けるだろうと」

荒木は兄のあとを追うように、調布リトル・シニア、早実へと進むことになる。

「早実のことを兄貴に聞くと、勉強しないと入れないこともわかったし、足や腕の筋肉を触れば、こんなふうになるまで鍛えないといけないんだなと思う。いろいろアドバイスをくれるわけじゃないんだけど、いいお手本でしたね。

すごく優しい兄貴で、弟のことをしっかり考えられる器があった。僕が早実に入ることが決まったときには、自分が持っている道具を全部くれたり、自分が使っていたお守りを『ずっと持っとけ』と渡してくれたり」

調布リトルは特別。荒木は別格

リトルリーグでは有名選手で、地元では名前も顔も実力もよく知られた存在だった荒木と同じ調布市立神代《じんだい》中学校に通っていたのが、1982年ドラフト会議で中日ドラゴンズから指名を受けてプロ野球選手となる宮下昌己。のちにウォーレン・クロマティ（読売ジャイアンツ）にデッドボールをぶつけ、その報復としてパンチを見舞われた男といえば、思い出す人も多いだろう。

荒木とは同級生でありながら、一度もキャッチボールすらしたことがない。

宮下は言う。

「調布という町自体、野球のレベルが高くて、オレたちの前後で10人くらいがプロ野球選手になっています。川又米利《よねとし》さん（早稲田実業→中日ドラゴンズ）や飯田哲也（拓大紅陵→ヤクルトスワローズ）とか。大輔は工務店の息子だよ、川又さんは川又梱包の息子だよ、とかみんな知っていて、本当に地元の人間の集まりっていう感じだった。

当時、いまほどリトルのチームは多くなくて、本当に野球のうまい子のなかでも選ばれた選手だけが所属できる感じで、調布リトルはそのなかでも特にレベルが高かった。

調布リトルの帽子をかぶっているだけでステータスがあって、『あいつ、野球うまいんだろうな、すげえんだろうな』と思って見ていました。調布という町のなかでは、彼らは神様扱いでしたね」

その調布リトルのメンバーのなかでも、荒木は飛び抜けた存在だった。

「大輔はその調布リトルで世界一になっていたから、やっぱり特別でしたね。日本のチームが世界一になったというのがセンセーショナルだったし、大輔にはそれだけの存在感がありました。中学時代から『大輔はもう早実に行くことが決まっているらしいよ』という噂が流れていました。

オレの身長は、中一のときが160センチちょうど。170センチもある大輔に全力で投げられたら、バットに当たるはずがない。実際に対戦しなくても、そんなことは、ちょっと考えればわかります。とにかく、飛び抜けた存在でしたよ。オレは中学校の野球部に所属していましたが、そのときからもう住む世界が違っていましたね。一緒にプレーしたことはありません」

目立つことは一切しない、エピソードのない男

4歳上の兄やその友達と一緒に遊んでいた荒木からすれば、同級生は幼く感じたのかも

しれない。どこか大人びた雰囲気を漂わせていた。

「荒木大輔という男は、中学に入学したときにはもう170センチくらいの背があって、体は大きいけど目立たない子でした。学校では悪ふざけをするわけでもなく、野球にすべてをかけているという感じ。ストイックでしたね。調布シニアで野球をやるためには、学校ではおとなしくしといたほうがいいということがわかっていたんでしょう。オレなんか、しょっちゅう職員室に呼び出されて説教を食らっているのに、大輔は目立つことを一切しない。学校生活においては、何もエピソードがない男です。

当時、神代中には9クラスあって、一学年に300人くらい生徒がいたのかな。運動会や球技大会、マラソン大会ではシニアで硬式野球をやっているやつや野球部員が花形でした。でも大輔は何をやらせてもそつなくこなすタイプでしたが、そうした校内行事ではあえて目立たないようにしていたと思います。学校で脚光を浴びるよりも、野球のことだけを考えているように見えました。そのころから、野球中心の考え方だったんでしょう。学校の球技大会でケガしてもしょうがないから」

同級生たちは荒木を特別な存在と認めていたが、数年後に「大ちゃんフィーバー」を巻き起こすことなど誰も予想できなかった。

「オレが所属していた中学の野球部は多摩地区では負けたことがなかったし、そこそこのレベルにあったと思いますが、大輔がオレを意識することはまったくなかったでしょう。こちらがやっているのは軟式野球だし、大輔は世界一。当時、オレ自身も自分がプロ野球選手になるとは思ってもいませんでした。

そもそも、硬式をしている子が軟式のボールを投げることはありません。だから、一度もキャッチボールすらしたことがない。オレも、『こいつはもう全然レベルの違うところで野球をやっているんだから』と思っていました。一度もライバルだと思ったことはないし、同級生ではあるけれども、特別な存在でした。それでも、早実に入って、高校1年の夏から、あれほどの成績を残すとは思いませんでしたけど。

『甲子園のアイドル』になって騒がれましたが、中学の同級生の女子に聞いても『荒木くん？　あんまり覚えていない』と言う。数年前に中学の同窓会があったときに女の子たちに聞いても、『印象？　全然ない』と笑ってました」

肩幅があって熊のように見えた

荒木が入学した早稲田実業の同級生に、石井丈裕がいた。のちに日本代表としてソウルオリンピックで銀メダル獲得に貢献し、西武ライオンズでリーグ優勝、日本一を経験した実力者だ。しかし、高校時代は荒木の控え投手として3年間を過ごし、一度も脚光を浴びることはなかった。

石井は入学前から荒木の名前を知っていた。

「僕が早稲田実業に入るとき、荒木大輔というリトルリーグで世界一になった男が同期にいるということはわかっていました。彼は本当に有名でしたから。それでも、負けないで競ってやろうという気でいました。

彼にはたくさんの修羅場をくぐった経験があった。僕はまだ全然力がなくて、試合になればビビッてしまうような選手だった。それまで自分がいたチームではそれなりに投げてはいましたが、スタートラインからまったく違っていましたね」

高校に入学したばかりの15歳で体ができあがっている選手は少ない。ほとんどが成長途中で、身長があってもパワーが足りなかった。そんななかで荒木の肉体は上級生に引けをとらなかった。

「僕のほうが背は高かったけど、大輔は肩幅があって大きく見えました。熊でも見るような、そんなイメージが僕にはありました」

荒木はすでに決め球と自分の投球パターンを持っていた。

「カーブがすごくて、ブルペンで打席に立ったときには、アウトコースに決まるボールなのに思わず腰を引いてしまいました。技術的にいえば、左肩が開かないで、バッターに向かってくるような感じがして、怖かった。当時はスピードガンが普及していなくて何キロ出ていたのかはわからないけど、威圧感はありましたよ。でも、一番素晴らしかったのはコントロールです」

荒木に比べれば、石井は未完成だった。比較の対象にすらならなかった。

「僕は、背は高いけどヒョロヒョロで、カーブも投げられずストレートだけ。スピードがあったので登板させてもらったんですが、ケガでベンチ入りはできませんでした。僕は投げることで精一杯。でも、大輔はどうやってバッターを打ち取ればいいのかがわかっていました。

大輔は1年夏の東東京大会でマウンドに上がりましたが、高校に入ったばかりの僕には高校生が大人に見えました。そういう人たちに堂々と立ち向かう姿を見て、ただただすごいと感じていました。『度胸があるなあ』と感心するばかりで」

神代中学校の同級生だった宮下は日大三に進んだ。当時、早稲田実業は東東京、日大三は西東京で夏の予選を戦っていた。宮下にとって荒木は相変わらず、近くて遠い存在だった。

「日大三は、地方に招待されることが多くて、東京の高校と練習試合をすることはほとんどなかったんですが、一度だけ早実とオープン戦をやりましたね。こっちは1年坊主のぺーぺーで、雑用をしながら、『あ、大輔、来てるんだ』と思って見ていました。まだエースではなかったですけど、バッティングもそこそこよかったですからね。

そのときにすれ違って、『頑張ってる?』と話したのが、高校時代の唯一の接点ですね。東京でも東地区と西地区に分かれていたので、会うことはありませんでした。こちらはずっと寮生活だったし」

名門の早実なのに、1年生でベンチ入りしたと聞いても、宮下はすぐに納得できた。

「まあ、そうだろうなと。東東京大会でベンチ入りしていると聞いて『大輔なら当然だろうな』と思いました。『やっぱりすごいやつなんだな』と」

エースの負傷で「荒木にでも投げさせようか?」

1980年夏、東東京大会でベンチ入りを果たした荒木は、まったくプレッシャーを感じていなかった。他校が警戒する2年生エースの芳賀《はが》誠がいたからだ。

荒木は当時をこう振り返る。

「その場の緊張感はありましたが、何かを背負うという責任感はありませんでした。1年生にたいしたことができるはずがないとも思っていたので。まわりの先輩方にも温かく見守っていただきました」

その年の東東京大会の優勝候補は、帝京と二松學舍大附属だった。どちらも春のセンバツに出場しており、2年生エースの伊東昭光(元ヤクルトスワローズ)を擁する帝京は決勝で高知商業(高知)に敗れたものの、準優勝を飾っていた。早実は、その2校に次ぐダークホース的な存在だと考えられていた。

当時の3年生で、荒木とバッテリーを組んだ佐藤孝治《こうじ》はこう振り返る。

「早稲田実業自体の評価は低くて、東京の優勝候補には挙がっていなかった。春のセンバツで準優勝した帝京には伊東昭光がいて、二松學舎にも西尾利春（元阪急ブレーブス）や白幡隆宗《たかひろ》（元西武ライオンズ）という実力のある選手がいましたから。新聞や雑誌の優勝予想の記事では、『ほかには早実も』程度の扱いでした。実績のある高校だから、学校名だけ入れておけばいいくらいの感じで、注目選手としては誰も取り上げられなかった」

早実は1977年春から1978年夏まで4季連続で甲子園出場を果たしていた。そのなかには荒木大輔の兄、健二がいた。しかし、この年は下馬評に上がらず、優勝候補と考える人は少なかった。

荒木に登板の機会が巡ってきたのはアクシデントがあったからだ。

「大輔は三塁手の控えとしてベンチ入りしましたが、それほど期待されてはいませんでした。大輔がマウンドに上がることになったのは、2年生でエースの芳賀がバント練習でふくらはぎをケガしたから。大輔はその代役で、ひどい言い方をすれば、『しょうがないから、大輔でも投げさせるか』という感じ」

初の甲子園で力投する1年生の荒木大輔

しかし、その荒木が優勝候補を次々に撃破するのだから高校野球はわからない。準々決勝で岩倉を3対0で、準決勝は帝京を4対0で下し決勝進出。決勝では二松學舎に3点を先制されながらも終盤に追いつき、10対4で優勝を決めた。

「優勝はしましたが、関係者も対戦相手も『このピッチャーはすごい』と思っていなかったと思う。僕自身もそう。圧倒的な力はありませんでした。実際に、決勝戦で二松學舎には4点も取られましたしね」

敵の上級生は「どうせ、1年生だろ？」

二松學舎のベンチには荒木と同じ1年生の市原勝人《かつひと》がいた。2年間、甲子園出場を争うことになるライバルに荒木の姿はどう映ったのか。

現在、母校の野球部監督をつとめる市原は言う。

「大輔との初対戦は、1年生の夏、東東京大会の決勝戦。早実の先発投手が大輔で、僕は途中から代打で出ました。中学を出たばかりの僕からすれば、あれだけ落差があってブレーキの鋭いカーブを投げるピッチャーは見たことがなかった。だから『カーブのいいピッチャーだな』というのが第一印象。

二松學舎にはのちにプロ野球に進む西尾さん、白幡さんという先輩がいました。早実の2年生エースの芳賀誠さんが故障したこともあって、大輔がずっと無失点で勝ち上がってきていても『どうせ、1年生だろ?』という感じで先輩たちは見ていました。僕はベンチに入れてもらっていて、『うまくすれば1年の夏から甲子園に行けるぞ』と思っていたんですが、東東京大会の決勝では逆転されて、4対10で負けました」

ピッチャーとしては不感症

早実に圧倒的な実力があったわけではなかった。

優勝の原動力となった荒木は丁寧なピッチングを見せたものの、相手をねじ伏せるストレートや魔球のような変化球があるわけではない。選手たちも、まだ自分たちの力を信じることができなかった。

マスク越しに荒木の投球を見続けた佐藤は言う。

「まわりの期待も高くなかったし、僕たちも『何が何でも甲子園に行くぞ』という気持ちではなかった。エースの芳賀が故障してしまったということもあって捨て身だったたし、怖いものは何もなかった。『勝たなきゃいけない』というプレッシャーがなかったのが、よかったのかもしれませんね。

あれよ、あれよという感じで勝ち上がっていった。でも、岩倉と帝京を完封したことよりも、決勝で大輔がパカパカ打たれたことのほうが強く印象に残っています。東東京大会の時点では、大輔はその程度のピッチャーでした」

佐藤をはじめとする3年生にも、1年生の荒木にも欲はなかった。名門校であるというプレッシャーもこの年はなかった。対する強豪校には、1年生ピッチャーを侮る気持ちがあったのかもしれない。

「東東京大会の時点では5月に16歳になったばかりの1年生。それも急造ピッチャーでしたから、キャッチャーとしては『思い切って投げてこい』と言うくらいで、作戦の立てようがなかった。コントロールはよかったけど、球種はストレートとカーブしかないから。ただ、メンタル面は心配していませんでした。ピッチャーとしては不感症だったんじゃないかな（笑）。ピリピリした感じはなくて、どちらかと言うと、ぼーっとしているように見えました。目立ってやろうとか、かっこつけるようなところは全然なくて、堂々としているのともちょっと違った。まあ、場慣れしているというのはあったでしょうね。もちろん、リトルリーグと高校野球では注目のされ方が全然違う。高校に入ったばかりで東東京大会で投げてみたら、全部勝った。応援団もいて、報道もされて、いい心地になったんでしょう」

荒木自身は高校1年の夏の東東京大会をこう振り返る。

「僕が高校に入って最初の試合が春の東京大会で、3回戦で岩倉に負けました。上には春のセンバツで準優勝した帝京がいて、甲子園にも出た二松學舎もいる。強いチームが3つもある。『自分たちはまだまだ下』という感覚でスタートして、その3つの高校に勝っちゃったんですよね。だから、『知らないうちに甲子園に行ってしまった』という感じでした。自分たちが強いなんていう感覚はありません。僕は先輩たちに『連れていってもらった』と思っています」

リトルリーグで世界一になった少年は16歳にして、センバツ出場校を次々と撃破して東東京大会を制した。

早実が甲子園出場を決めたのは1980年7月30日。数週間後に甲子園で起こることを誰も予想することができなかった。

第2章

降臨　背番号11の1年生エース

1980年夏の甲子園は8月8日に開幕した。この大会では、春のセンバツで優勝した高知商業（高知）、前年に春夏連覇を果たした箕島（和歌山）のほか、超高校級サウスポー・愛甲猛のいる横浜（神奈川）、激戦の大阪を勝ち抜いた北陽などが優勝候補に挙げられ、西東京大会を制した都立高校の国立も話題を集めていた。

そんななかで早稲田実業に注目する人は少なかった。センバツ準優勝の帝京を下したとはいえ、1年生エースが全国で通用するとは思えなかったからだ。

開会式で出場校が集まったときも、早稲田実業のまわりに人だかりができることはなかった。誰もが認める名門だが、全国に名を知られた選手はひとりもいなかった。

1回戦の相手が優勝候補の一角である北陽に決まっても、名門・早実の背番号11を背負った荒木に気負いはなかった。

「相変わらず、僕たちは強くないというのが全員の共通認識でした。相手の北陽は強打で大阪を勝ち抜いたチーム。相手が1年生ピッチャーだということもあって、おそらく相当な自信を持っていたと思う。でも、あの試合が終わった瞬間に『世界が変わった』と感じました」

大会4日目となる8月11日の第2試合。早実と北陽の試合は序盤から早実ペースで進んだ。1回表に1点を先取した早実は3回に3点を追加し、5回と9回にも1点ずつ奪った。2時間9分で終了した試合は、6対0で早実の圧勝。荒木はチーム打率3割7分4厘を誇る強打の北陽打線に1安打しか許さなかった。

荒木が試合後の周囲の変化を振り返る。

「北陽が優勝候補だということも意識していませんでした。試合前に荷物をまとめて宿舎を出て、目の前の試合のことだけを考えた。僕は試合が終わって、甲子園で勝てたことがただうれしくて、記者の数が多いのを見て『甲子園はこんなにすごいんだな』と感じていました。大阪代表に勝つと、こんなに注目されるんだなと。でも、僕たちのまわりだけ特別だったんですね。甲子園を出てからそれに気づきました。

それまでは、開会式を含め、甲子園の試合に行く移動でもほとんど誰にも見向きもされることなく、自由に動けました。でも、北陽戦が終わったあとは、宿舎にバスが横づけできないほどの人だかりができていました」

北陽戦の1安打完封から伝説は始まった

この日、「甲子園のアイドル」が降臨したことによって、世界がすっかり変わってしまった。テレビ、新聞など多くのメディアが群がり、女子高生をはじめとする女性ファンが甲子園に大挙して押しかけるようになった。

「僕は芸能界のことはわからないけど、ジャニーズのようなアイドルの周辺と似た感じだったんじゃないでしょうか。彼らは注目を集めたい、人気者になりたいと思って頑張るんだろうけど、僕はそんなことは考えたことがない。だから、戸惑いはありました」

インターネットのない時代。テレビの影響力は、いまでは考えられないほど大きかった。北陽戦の観衆は4万4000人だったが、ブラウン管の向こうの人々がどれだけ荒木のピッチングに魅せられたかわからない。

ここが、それから2年以上続く「大ちゃんフィーバー」の始まりだった。

「試合に勝てば勝つほど騒ぎが大きくなり、宿舎からまったく出られなくなってしまいました。僕のせいで騒がれることが、先輩たちに申し訳ないという気持ちが大きかった。救いだったのは1年生3人がベンチ入りしていたこと。小沢章一《のりかず》は試合にも出ていたので、取材を受けるのはひとりでも、孤独ではなかったから」

ここで、早実野球部の伝統にも助けられた。先輩が1年生を陰で支えてくれたのだ。

「僕と小沢はレギュラーになっちゃったので、雑用みたいなことはしなくていいと言われていました。それでも、『そういうわけにはいかないから、洗濯物をたたむふりでもしよう』と話していました。

早実はベンチ外のメンバーが選手と同じ宿舎で洗濯や雑用をするのですが、そのベンチ外の先輩たちには『おまえたちに甲子園まで連れてきてもらったんだから。試合でしっかりやれ』と言われました」

早実はマスメディアの追い風を背中に受け、このあとも勝ち上がっていく。2回戦では東宇治（京都）を9対1で、3回戦では札幌商業（南北海道）を2対0で下した。その時点で、荒木は甲子園でまだ1点も失っていない。

「1回戦に勝ったあと、『たまたまうまくいっちゃったけど、もうないだろう』と思っていたのですが、それが重なっていったんです。本当に欲はなかった。僕はマスメディアの力が大きかったんじゃないかと考えています。僕よりも相手に変なプレッシャーがかかって、勝手にミスしてくれた。僕が騒がれているのを見て、『1年のくせに』とか『舐めるなよ』という気負いもあったんじゃないでしょうか」

甲子園でバッターを抑えるうちに、荒木は自分のピッチングに手応えを感じ始めていた。

「2試合目か3試合目かは覚えていないんですが、『こうすれば打ちとれる』というイメージがなんとなく湧いてきました。その通りに投げれば勝てるという感じでした」

インコースを攻めてカーブを投げる

初戦を迎える前、1年生エースをリードする早実のキャッチャー佐藤孝治は、荒木の実力を冷静に判断したうえで、北陽打線対策を練っていた。

「甲子園に行ってから、突然、大輔がすごいピッチャーになったわけではありません。いきなりストレートが5キロも10キロも速くなったわけでもない。球種もストレートとカーブだけ。北陽打線は強力だったから、普通なら、ストレートもカーブも外角低めに投げようとするでしょう。でも、大会で一番打率のいいチームに対してそのやり方が通用するとは思えなかった」

あえてオーソドックスな攻め方を避けることにした。ナチュラルにシュートする荒木のストレートの特性を生かして右バッターのインコースを攻める。その球を意識させたうえで外角低めにブレーキのあるカーブを集めた。

「当時の高校野球には予選で打率が5割を超える選手がたくさんいましたが、ピッチャーがアウトコースを狙って真ん中に入ったボールを打つことが多かったように思います。インコースの際どいコースを打つ技術を持ったバッターは少なかった。実際にほとんどは打てなかった。大輔のボールはナチュラルにシュートしていたので、右バッターのインコースに投げさせました。ストレートがシュート回転するのはよくないと言われていたんですが、それを逆手にとった形ですね」

もちろん、その攻め方ができたのは荒木のマウンド度胸があったからだ。大観衆が集まる甲子園でも、普段通りのピッチングをすることができた。

「大輔は度胸があってコントロールもいいから、インコースを投げることを怖がらない。スピード自体は速くなかったので、バッターが打ち気でくる。でも、低めのボールは落ちるし、高めのボールはシュッと伸びる。詰まった打球は内野ゴロになりました。北陽戦は27アウトのうち、内野ゴロは16本、そのうちセカンドゴロが7本ですか。二塁手の小沢が守備位置を変えながらうまく守ってくれました。当時はいまほど左バッターが多くなかったこともあって、この配球がはまりました。

基本的にはインコースのストレートと外角低めのカーブ。バッターが強振しそうなときにはインコース、コツコツ当ててくるときには外角にカーブを投げさせました。決勝戦まででこのパターンです。球数が100前後で済んだのは、大輔のコントロールがよかったから。ストライクゾーン近くのボールでもかなり打ち取っているはずです」

佐藤が構えるミットに荒木は冷静にボールを投げ込んでいく。3試合で与えた四死球はわずか6個。投球数は1試合平均100球ほど（3試合を合わせても308球）だった。

1年生ピッチャーは老獪《ろうかい》なピッチングで1試合ずつ勝ち上がっていった。

バッテリーにとって理想的な試合となったのは、準々決勝の興南（沖縄）戦だった。

佐藤がその試合を振り返る。

「興南には180センチを超える選手がたくさんいました。体が大きくて腕が長い。バットを力いっぱい振り回すバッターが多かったと記憶しています。大輔のインコースのボールに詰まって内野ゴロの山。三振もかなり取ったんじゃないですか」

荒木は9回を投げ、被安打は3、三振を9個奪い、この試合も0点に抑えた。

「満点のピッチングですね。早実が先取点を取って、そのまま逃げ切りました。理想的な試合展開だったと思います」

試合後、負けたチームの選手は「1年生なんかに負けたくなかった」と語り、悔しさをにじませた。

「試合になれば、1年生も3年生も関係ないんですけど、相手が勝手に意識してくれたんでしょう。『どうせ名前だけだろう』『騒がれてるだけじゃないか』と思ってくれたことが僕たちに有利に働いたのかもしれませんね」

早実は準決勝でも瀬田工業（滋賀）を8対0で下し、決勝進出を決めた。

早実には自由な風が吹いていた

周囲がどれだけ騒いでも、荒木が動じることはなかった。佐藤は16歳の少年を間近で見ながら感心していた。

「どれだけ騒がれても、浮かれたところはまったくありませんでした。その年ごろだったら、目立てばうれしいのが普通なんでしょうが。騒がれることが好きじゃない、というふうに見えましたし、先輩に対して『申し訳ない』と思っているのはよくわかりました。

でも、この年だけじゃなくて、早実の野球部では1年の夏からベンチに入る選手が多いんです。当然、3年生でもベンチ入りできない部員が大勢いて、甲子園の宿舎では洗濯や準備をする。これが早実の伝統かもしれない。

『1年生のくせに』なんて思っている選手は早実にはいません。1年生の活躍の裏にはマネージャーや控えの3年生の働きがありました。いまでも僕たちの学年の野球部員が集まることがありますが、レギュラー、レギュラー以外、マネージャー、ベンチに入れなかった選手の間に、何の隔たりもありません。当時も仲がよかったし、その関係は変わらない。もちろん、下級生に対する教育みたいなものはありましたが」

いまよりもはるかに上下関係が厳しかった時代。ほかの強豪校とは違い、早実には自由な風が吹いていた。

「試合になれば、1年生も2年生も3年生もない。3年生だから温情でベンチに入れるということもありませんでしたから。チームとして勝つことがすべてではないけれど、勝利という目標に向かってベストの布陣を組む。1年生で試合に出ている選手は活躍することが仕事。ベンチに入っていない3年生は練習の手伝いや選手を激励するのが仕事。それぞれの役割を全員がまっとうするのが早実の伝統であり、強さなのかもしれませんね」

2年前の1年生エース

下馬評を覆して決勝に進んだ早実の反対側の山では、強豪校がつぶし合いをしていた。優勝候補に挙げられていた横浜は1回戦で全国制覇の実績がある高松商業（香川）と対戦した。2回戦では江戸川学園（茨城）に大勝し、3回戦で鳴門（徳島）、準々決勝で夏連覇を狙う箕島、準決勝で天理（奈良）に競り勝っている。

横浜の背番号1を背負う愛甲猛もまた、1年生エースとして騒がれた男だった。荒木が降臨する2年前の1978年に初めて甲子園の地を踏んだ。

愛甲は40年前を振り返る。

「僕は1年夏の神奈川大会2回戦から投げました。勝っている試合のリリーフが多くて、先発したのは準々決勝から。無心で投げたらポンポンと勝って、気づいたら甲子園にいたという感じでした。その年の横浜にはエースがいなくて、僕にチャンスが巡ってきたんです。本当に運がよかったと思います」

荒木と同様、愛甲も数少ないチャンスをモノにした1年生ピッチャーだった。

「その年の横浜は神奈川県の3番手か4番手くらいで、甲子園に行けるとは思っていませんでした。3年間で1回チャンスがあればという感じで。横浜には部員がたくさんいて、僕自身、レギュラーになれるとも思っていなかった。監督の期待と自己評価にギャップがありすぎて、自分だけ厳しい練習を課せられることが不思議で仕方がなかった」

だが、神奈川大会の準々決勝でノーヒットノーランを達成するなど、愛甲はチームになくてはならないピッチャーになっていた。

「甲子園で入場行進したときに『すごいところに来たな』と感じました。隣の列が早稲田実業で、川又米利さんに『緊張しますね』と言ったら、『もう何回も出てるから緊張しない』という返事が戻ってきました。調布リトル→早実というイメージがありましたね。

甲子園で初めて投げたときには『投げやすい』と思いました。マウンドの傾斜が横浜スタジアムよりなだらかなんですよ。前の年に東邦（愛知）の1年生エースの坂本佳一さんが『バンビ坂本』と騒がれたこともあって、僕のまわりにも報道陣がたくさん集まってきました。でも、僕は試合で緊張したことがなくて、甲子園でもプレッシャーは感じなかった。冷静に投げることができ、初戦の2回戦は徳島商業（徳島）に勝ちました。3回戦の県立岐阜商（岐阜）戦の前に、キャッチャーの吉田博之さん（元南海ホークス）に『明日5点取ってください。3点に抑えますから』と言ったんですが、0対3で負けました。その試合で高校時代、最初で最後のホームランを打たれたので、印象に残っています」

2年間はケガとの戦い

愛甲が甲子園に憧れたのは1969年夏、松山商業（愛媛）と三沢（青森）の試合。延長再試合で敗れ、甲子園の土を両手で集める三沢のエース・太田幸司の写真を週刊ベースボールで見たことがきっかけだった。自分も甲子園に出て、聖地の砂を持って帰りたいと考えたのだ。

「野球選手にとって甲子園は特別なところ。アマチュア野球の頂点です。僕はのちにプロ野球でプレーしましたが、高校時代に甲子園に出られなかったことを残念に思っているプロの選手がたくさんいました。『いいなあ、甲子園に出れて』とよく言われました」

高校1年の夏の甲子園で1勝を挙げた愛甲には明るい未来が待っているはずだった。うまくすればあと4回、甲子園に行ける。だが、そんな甘い期待はあっさりと裏切られた。残りの2年間は、故障との戦いだった。

「1年生の夏、甲子園から帰ってから、肩、ひじ、腰を壊しました。まだ体が成長しきっていなかったのに、投げすぎたんですね。それからが大変で、ずっと故障に悩まされました。2年生の夏の神奈川大会では痛み止めを打って投げていました。決勝で負けたんですが、それが逆によかったかもしれません。もし甲子園に出ていたら、また無理したでしょうから」

しかし、回り道をしたからこそ、再び甲子園に戻ってくることができた。1980年の夏、大人の投球術を身につけ、激戦の神奈川大会を勝ち抜いたのだ。

「3年生の夏も痛みをごまかしながら投げていました。もう最後のチャンスだったので『どうすれば勝てるか』というところから考えた結果、ピッチングが変わっていき、『打たせて取ったほうが楽なのか』と思うようになりました。ムダなボールが減りましたね。

2回目の甲子園は、『帰ってきた』という感じはありませんでした。キャプテンだったということもあるし、自分が成長したという実感もありました。甲子園に戻ってきたという喜びよりも、気持ちの高ぶりがすごかった。1年生のときは相手のことがよくわからなかったけど、3年のときは気になる高校がありました。中西清起《きよおき》（元阪神タイガース）の高知商業、伊東勤（元西武ライオンズ）の熊本工業（熊本）、天理、箕島や早実には負けたくなかった」

決勝は新旧1年生エース対決

横浜の監督は渡辺元智《もとのり》だった。のちに甲子園通算51勝を挙げ、5度の全国優勝を果たす名監督だが、このときはまだ35歳と若かった。

「甲子園に行く前に神奈川県庁にあいさつに行ったんですが、そこで渡辺監督が『優勝旗を持ち帰ります』と言うので、僕も優勝を宣言しました。でも、本音ではベスト8に入っ

て国体に出られればいいなと思っていたんです。ところが、監督は本気で優勝を狙ってい
て、甲子園では外出禁止、朝5時起床でした」

1回戦で高松商業と対戦した横浜は、その後も優勝候補に挙げられる強豪との戦いが続いた。準々決勝の箕島戦では「渡辺監督の目の色が違っていた」と愛甲は言う。

「監督には期するものがあったようで、ライバル視していた尾藤公監督が率いる箕島との試合はそれまでとは気合が違っていました。あんな表情の監督は見たことがなかった」

準々決勝の箕島戦では、3対0から2点追い上げられたが、3対2で競り勝った。愛甲は7安打を打たれながら要所を締めるピッチングを見せた。

「2回戦の江戸川学園以外は苦戦続きでした。名前のある学校ばかりで、簡単には勝たせてくれませんでした。特に雨のなかで行われた天理戦は印象に残っています」

準決勝の天理戦は2回を終了したところで37分間中断した。

「大会本部を通じて『7回が限度かもしれない』と通告されていました。7回表に1点取られたので、もう負けることを覚悟していました」

ところが7回裏に横浜がチャンスをつくり、3点を取って試合をひっくり返した。

早実との決勝戦に先発した愛甲猛

「ツーアウトから六番打者の吉岡浩幸がエラーで出塁しました。チームで一番足の遅い選手でしたが、監督が盗塁のサインを出して成功。全然打てていなかった沼沢尚がレフト前ヒットを打って同点になり、九番打者の宍倉一昭が三塁打を打ってくれました。雨はひどかったんですが、試合は9回まで続き、僕はカーブばかり投げて抑えました」

愛甲は決勝までの5試合で571球を投げていた。自責点はわずか1。横浜は運も味方につけて決勝まで駒を進めた。

大きな山を越えたところに早実戦が待っていた。

甲子園で無失点の投球を続ける1年生エースの荒木と、2年前の甲子園で1年生エースとして注目を集めた愛甲との対決だった。

決勝だけ動揺している感じに見えた

甲子園入りする前から、愛甲にとって荒木は気になる存在だった。調布リトルで世界一になっていたことも知っていた。

「リトルで世界一になったのも有名だったし、お兄さんがいい選手だったから。1年生なのに、ピッチングフォームが完成していることに僕たちは感心していました。

決勝戦の前には、安西健二（元読売ジャイアンツ）が『1年坊主に記録つくらせるんじゃねえぞ』とチームのねじを巻いていました。『コントロールがいいから初球からいこう』と。渡辺監督も僕の打席でヒットエンドランのサインを出すなど、初回から仕掛けていきました。大輔は低めのコントロールがよかったんだけど、ボークをしたし、あの試合は何かが違っていましたね。決勝戦は試合前にバッティング練習もあって、甲子園にいる時間が長くて、少しずつお客さんが入ってくるのもわかる。それまでとは雰囲気が全然違っていて、何かが影響したのかもしれません。ずっとポーカーフェイスだったのに、決勝だけ動揺している感じに見えたから」

決勝まで荒木を巧みにリードしてきた佐藤も、チームと荒木の微妙な変化を感じ取っていた。

「決勝の横浜戦で何が違ったかと言われても、基本的には同じやり方、同じ気持ちで臨んだつもりでした。でも、試合が終わってから振り返ってみたら、ちょっと違ってたかな。

早実は東東京大会からずっと、甲子園に出なきゃとか優勝しなきゃとか余計なプレッシャーとは無縁のチームで、目の前の試合に勝つことだけを考えていた。でも、甲子園の決勝までくると、どうしても優勝がちらついてしまった。決勝は、勝っても負けてもこれで終わり。『だったら勝とうぜ』という気負いがあったのかもしれない。そのせいかどうかわかりませんが、ミスがいくつも出てしまいました」

初めて勝ちを意識して硬くなった

先取点を奪ったのは早実だった。2安打と犠牲バント、スクイズで1点を取った。その裏、横浜は二番からの3連打であっさり同点に追いつき、荒木のボークでもう1点を追加した。横浜は2回に1点、3回に2点を加え、主導権を握った。

3回で7安打を打たれ、5失点した荒木はレフトへ。背番号1をつけた2年生・芳賀誠がマウンドに上がった。

佐藤が振り返る。

「僕たちが初回に1点を取ったのに、すぐに2点取り返されて、最後までペースを握られたままでした。横浜はもともと優勝候補。僕たちは無欲で勝ち進んだチームで、くじ運に恵まれた部分もありましたから。初めて勝ちを意識して硬くなったのか、欲が出たのか、それはわかりません。よそ行きの戦いになってしまいました。

ただ、大輔自身、それまでと変わるところはありませんでした。疲れた様子はありましたが、疲労のせいでボークをしたわけじゃない。初回を0点で抑えれば新記録達成だということはわかっていました。でも、特に意識はしませんでした。

初回に僕たちが1点取ったのでいつも通りの試合運びだと思ったのに、その裏、1アウト1、3塁から四番打者の片平保彦（元横浜大洋ホエールズ）にセンター前ヒットを打たれて失点してしまった。あれも普段の小沢なら捕れた打球でした。ダブルプレーで終わって初回を0点に抑えていれば、そのあとはどうなったかわからない」

試合後に早実の和田明監督は「雰囲気に飲まれて、気持ちが上ずっていたのかもしれない」と語った。

佐藤は荒木のボールについて「どこが悪いということはなかったけど、キャッチャーの感覚で言うと、回転数がいつもとは違ったかもしれない」と分析する。

「終わってみれば、4対6というスコアでしたが、点差以上の実力差があったように感じました。僕たち3年生はこの大会で初めて甲子園で試合をしたんですが、下馬評にも上がらなかったチームが決勝まで戦えて悔いはなかった。自分たちが想定していた以上の高校野球ができました。でも、決勝のゲームセットの瞬間、大輔も愛甲もマウンドにいないとは思わなかった。

ずいぶん時間が経ってから、亡くなった和田明監督と大森貞雄部長が『優勝したかったなあ』と居酒屋で話したという記事を読みました。そのときは責任を感じましたね。けど、ドラマのような展開にはできないからね。僕たちはそれほど野球がうまいわけじゃなかったから」

3年間我慢した選手がマウンドにいた

対する横浜の愛甲も万全の状態ではなかった。決勝までの5試合をほぼひとりで投げ続けたことで、体は限界にきていた。

「もう肩が痛くて、投げられる状態ではなかったですね。でも、大輔よりも早くマウンドから降りるわけにはいかないという意地もありました。横浜がずっとリードしていましたが、このまま終わるはずはない。5回が終わってブルペンを見たら、控え投手の川戸浩がすごいボールを投げているのが見えた。『オレよりも絶対にいい』と思ったので、渡辺監督に『代えてください』とお願いしました。

僕と大輔は3年生と1年生の差があって、高校野球の場数を踏んでいた分、こちらに流れが来たのかもしれない。ピッチング自体は最悪でしたけどね。悪いなりになんとか乗り切って。僕は開き直って、超スローカーブを投げたりしました」

川戸が真面目すぎるほど真面目なことは、チームメイトならみんなが知っていた。1年生のときから登板の機会を与えられた愛甲の陰に隠れてはいたものの、実力者であることもまた誰もが認めていた。

「川戸がすごく努力しているのは知っていました。弱いチームには打たれるけど、強いチームは抑える不思議なピッチャーでした。甲子園の決勝ではマウンドで声をかけても、まともな日本語で答えが戻ってこないくらいに緊張していましたね。すごく心配したのですが、最後まで早実打線に点を取らせませんでした」

ゲームセットの瞬間、マウンドで両手を突き上げる姿を、愛甲はファーストから見ていた。

「川戸が喜ぶのを見て、最後にキャプテンらしいことができたのかなと思いました。3年間我慢したやつが最後にマウンドに立っているのを見て、『これでよかった』と」

東京と神奈川の代表による決勝戦だったが、両校のカラーは見事なまでに対照的だった。愛甲はその違いについてこう語る。

「当時の横浜にはヤンチャな選手が多くて、むちゃくちゃ遊ぶけど、それ以上に練習もやりました。練習量がハンパじゃなかった。あのころ、不良の根性がなかったら、勉強ができて真面目な子では無理。だって、理不尽なことしかなかったから。

早実って、そんなに有名じゃないけどいい選手がいるんです。キャプテンの栗林友一なんて、野球センス抜群でしたから。僕は彼に投げるの、すごい嫌でしたよ。早実の選手はユニフォームもスマートだし、プレーの中身もそう見える。うちの選手たちのなかには早実をうらやましく思っているやつもいましたよ。セカンドの安西なんか、グラブを叩きながら『紺碧《こんぺき》の空』をアルプススタンドの観客と一緒に歌っていたしね。僕も思わず、口ずさみそうになりましたよ（笑）。応援団は完全に負けでしたもんね。とにかく、横浜が大輔から得点したときの、女の子の悲鳴はすごかった」

3年生の最後の夏、2年がかりで日本一の座についた元1年生エースは、荒木大輔というピッチャーをどう思ったのか。

「大輔は1年生だったのでライバルとは思えなかった。でも、一番意識したピッチャーでした。もともと存在を知っていたこともあるし、あの大会でもっとも注目された選手だったから。横浜の選手たちも、箕島の次に意識してたんじゃないかな。大輔は1年生だったけど、それを全然感じさせなかった。すごくいいピッチャーでした。本当にクオリティの高い、ね。若いときから投球術を持っていた」

高校生になって初めての敗戦

1年生エースは甲子園で投げる楽しさを感じつつ、そこで勝てる方法を身につけていった。炎天下でいくら投げても疲れを感じることはなかった。

だが、荒木はこの試合で初めてKOされ、3回5失点でマウンドを降り、レフトの守りについた。その後、8回に代打を送られベンチに下がった。

荒木は初めての甲子園をこう振り返る。

「自然に疲れは蓄積していたんでしょうが、『疲れた～。もうダメだ』と感じることはなかった。それは、本当に甲子園のマウンドを楽しんでいたからだと思います。でも、体が思うように動かないとも感じましたが。

決勝戦で負けたことは悔しかった。高校生になって初めて経験した負けが、あの試合でした。もともと強く勝ちにこだわっていたわけではないけれど、負けたという事実が悔しかった。横浜が甲子園で対戦したのは優勝を狙う強豪校ばかり。それに比べると、僕たちは運に恵まれて勝ち上がったという部分があったかもしれません。実力だけで見ると、横浜は強かった。あの試合では『自分のせいで負けた』という気持ちはありませんでした。もともと『勝てたらラッキー』でずっと勝っていたので」

決勝戦の初回に失点し、甲子園でずっと続いていた無失点記録は44回3分の2で途切れたが、最後まで記録を意識することはなかった。

「決勝で勝てなかったのは、単純に練習量が少なかったから。苦しいことを避けて、楽しくやっていけばと思っていましたが、そんなに簡単に日本一にはなれません。勝てるわけがないんですよ。追い込まれたときに、それをはねのけるだけの精神的な強さはありませんでした」

絶対にまわりに左右されることがない

荒木のストレートは140キロあるかないか。球種はストレートとカーブだけ。どちらもコントロールは抜群だが、バッターをねじ伏せるほどの威力があるわけではなかった。それでも、なぜ決勝まで無失点のピッチングを続けることができたのか。

早実から早稲田大学に進み、社会人野球の日本石油（現JX-ENEOS）でも捕手として活躍した佐藤は、荒木大輔が荒木大輔である理由についてこう話す。

「大輔のピッチャーとして一番いい部分は、ある意味、不感症であるところ。絶対にまわりに左右されることがない。たったひとりでシャドウピッチングしているときも、大観衆が見守る甲子園のマウンドでも同じ気持ちでいることができる。

気持ちの昂《たか》ぶりもないし、緊張もしない。これが大きいと思う。早実のブルペンも甲子園のマウンドも同じように投げることができる。そんなピッチャーはなかなかいません」

ブルペンや練習グラウンドではいいピッチングを見せるのに、本番で力を出せないピッチャーがいる。荒木はそんな「ブルペンエース」とは対極にいるピッチャーだ。

「試合のマウンドに上がると別人になっちゃうピッチャーはいくらでもいます。でも、大輔はどこにいても同じように投げることができる。それだけの精神的な強さと技術を16歳のときに持っていましたね。そこが、普通のピッチャーとは大きく違うところ」

人間は相手が強ければ強いほど、自信がなければないほど、自分をより大きく見せたくなるものだ。

「大輔にはそういう欲みたいなものがない。だから、普段の姿のままでマウンドに上がる。どこにいても同じということに関して、感心しますね。僕も、大輔が緊張しているのかしていないのか、よくわからなかった」

甲子園の大観衆のなかで緊張せずにプレーできる選手がどれだけいるだろうか。どんなに精神面が強くても、自信があっても、普段とはどこか違っているはずだ。

「僕からは、ボケーとしているように見えました。本人はいろいろなことを考えてはいたんだろうけどね。おもしろいことを言うわけでもないし、失敗もしない。ただちょっと体の大きい野球少年だというだけで。ピッチングの技術を持っていて、大舞台でも緊張することなくいつも通りに投げる男だったんでしょう。普通の人ならドギマギもするし、興奮もするだろうけど」

ただ、本人が自身の特質を理解しているようには思えなかった。

「きっと、野球をしていて緊張して手が震えるとか、足が動かないという経験がないんでしょう。それが特別なことだと気づかないところがまたすごい。大輔はどこにいても大輔のまま。だから、高校時代もプロ野球に進んでからも、ずっと同じように荒木大輔でいられたのかもしれませんね」

バッターとの駆け引きがうまい技巧派

1980年当時、ヤクルトスワローズの正捕手だった大矢明彦は早稲田実業を卒業後、駒澤大学を経てプロ野球に進んだ。1978年に広岡達朗監督の指揮のもと、球団初のリーグ優勝、日本一を経験している。このころ、のちに荒木とバッテリーを組むことになるとは大矢は思ってもみなかった。

大矢は言う。

「荒木の存在を知ったのは1980年の夏。甲子園で投げるのをテレビで見た。早実のキャッチャーの佐藤孝治が、スワローズのバッティングコーチだった佐藤孝夫さんの息子だったこともあって注目してたよ。1年生ピッチャーであんなに勝てるとは思わなかった。早実に1年生が活躍できる土壌があったわけじゃないのに、和田監督だから思い切って使ったんだろうね。ほかにピッチャーがいなかったからなんだろうけど、荒木には運があった。いい星のもとに生まれて、本人は頑張って投げたよね」

百戦錬磨のキャッチャーは荒木のピッチングのどこを評価したのか。

「大谷翔平（現ロサンゼルス・エンゼルス）みたいな剛速球があるわけじゃない。バッターとの駆け引きがうまい技巧派に見えた。年々、さらにうまくなっていったよね。

1年生のときは、ただ一生懸命に無我夢中で投げていたと思う。それがよかったんだろう。2年生、3年生になると、いろいろなことを考えるようになるし、重圧もあるから、無心で投げるのが難しくなるものだから。ピッチングの内容も、1年生のときは未完成のよさがあった」

一度も甲子園に行けないかも……

荒木の初めての甲子園は15日間で幕を閉じた。決勝までの6試合を同級生の石井丈裕はアルプススタンドから見ていた。

「この年の甲子園に出たメンバーのなかには、大輔のほかに小沢と黒柳知至《さとし》という1年生がいました。このふたりの存在は大きかったんじゃないでしょうか。支えになったと思います。甲子園の試合はスタンドで見ていましたが、まったく負ける気はしなかった。

ほかの高校に比べればそれほどではなかったけど、早実にもそれなりの上下関係はありました。でも、先輩に恵まれたというのは確かでしょう。いびりやいじめのようなものはありませんでした。上級生もチームが勝つことを考えていたのだと思います」

東東京大会の決勝戦で涙を飲んだ二松學舎の市原は、秋季大会に向けて強化合宿を行っていた。日中は練習漬けのため、荒木のピッチングは1試合も見ていない。

市原が言う。

「甲子園に行けなかった僕たちは夏休みの間、静岡県で合宿をしていました。きつい練習をしたり強豪チームと練習試合をしたりしている間、大輔のいる早実はずっと勝ち続けていました」

宿舎からグラウンドまでの行き帰り、市原は監督の車の助手席に座り甲子園のラジオ中継を聞いていたことを思い出す。

「もちろん、決勝まで無失点の好投を続ける大輔もすごかったんですが、1年生の小沢も2年生の小山寛陽さん、高橋公一さんも活躍していたから、『自分は一度も甲子園に行けないかも……』と思ったものです。僕が練習試合でいくら活躍しても、早実の選手たちは甲子園で完封したり、タイムリーを打ったりしている。差は広がるばかりだなと思って。あの夏は暑くて、練習は苦しくて……希望のない夏でした。合宿中、新聞やテレビは見られなかったんですが、グラウンドまでの行き帰りの車のなかで聞くラジオ中継で大輔の活躍はよくわかりましたから」

1980年夏、東東京大会の決勝戦で顔を合わせたふたりの1年生の距離は大きく離れてしまった。荒木は甲子園準優勝投手になった。

「実際に東東京の決勝戦で対戦して、大輔がいいピッチャーだということはわかっていましたが、あの夏の快進撃は想像以上でしたね。負けたあとは『次こそ勝ってやる』と思っていたのですが、そんなことも考えられないくらいの活躍で……。『大輔に勝つ』というエネルギーはまだ湧いていませんでした」

同じ1年生には、残りの4回、甲子園に出られる可能性がある。しかし、荒木と早実のメンバーを倒さない限り、そこにはたどり着けない。

甲子園球場と同じ西宮市にある高校のエースは、この夏の甲子園を複雑な思いで見ていた。兵庫大会の決勝で敗れた報徳学園の2年生、金村義明だ。

「荒木が1年生で大ヒーローになったからね。僕らがあと一歩のところで甲子園を逃したこともあって、悔しい思いで見てました。『すごいアイドルが出てきたな』と。1年坊主だから、すごいピッチャーだとは感じなかった」

それまで甲子園に出たことのない金村にとって、甲子園は別世界の話だった。

「まさか荒木と試合するとは考えられなかったから。『いずれこいつを倒してやろう』なんて思わない。ブラウン管の向こうにいるスーパースターを見る感じ。ジェラシーしかなかった。とにかく、甲子園に出たかった」

1年後に甲子園で歴史に残る名勝負を展開することになるとはもちろん、金村本人は思わない。想像することさえできなかった。

「自分たちとは全然、関係のない人だった。甲子園に一番近いところにある高校だけど、春も夏ももう少しのところで負けた。その悔しさしかない。『優勝した愛甲はすごいな』とは思ったけど、荒木は『1年生にいいピッチャーがおるんか』『早実のスーパースターか』という程度で」

甲子園を目指す男たちの、それぞれの戦いがすでに始まっていた。

第3章

惜敗　勝ち切れなかった優勝候補

1980年夏の甲子園は早稲田実業の準優勝で幕を閉じた。しかし、大会が終わっても「大ちゃんフィーバー」は収まることがなかった。練習をただ見るだけのために女子高生がグラウンドに集まってきた。

個人情報の管理がいまほど厳しくなかった時代、「甲子園のアイドル」に心休まる時間はなかった。当時の高校野球雑誌『輝け甲子園の星　1980秋季号』にはこんな記事が掲載されている。

《――甲子園から帰って一番変わったことは？

荒木　とにかく女の子のファンのしつこさにまいります。練習を終えてバスで帰宅するんですけど、そのバスまで乗り込んでくる子もいるんですから……。

――ファンレターはどのくらいくるの？

荒木　自宅にくるのは1日20通くらいです。

――通学途中でファン攻勢にあうことは？

荒木　電車やバスのなかでサインをねだられるけど、監督さんから止められてるし、しません。握手ならしてますけど。

――そういうファンをどう思う？

荒木　うーん、うれしいけど、困っちゃいます。やっぱり僕は高1だし、女の子にもてるのは嫌じゃないけど、あんまり騒がれるのは好きじゃないです。》

チームメイトとして荒木のそばにいた石井丈裕は、当時をこう振り返る。

「甲子園のあと、早実のグラウンドには毎日、何百人単位の女の子が来て、ずらーっと並んで練習を見ていました。僕は『ここには入らないでください』と注意する係でした。僕もピッチャーだったから大輔と一緒に走るわけですよ。女の子がパチッと写真を撮ったあとに『あ～、あの人も入っちゃった……』と言う。あの人っていうのが僕で、完全な邪魔者扱い。いたいけな高校生にとってはキツかった」

だが、石井は荒木と張り合う気にもならなかった。

「僕たちはみんな、しょうがないよなと割り切っていましたね。一緒に練習してるけど、大輔は別次元の人。僕らが同じように騒がれることなんか、考えられなかった」

まるで女の子がそこにいないみたいに

どんなに女子学生に注目されても、メディアからの取材が過熱しても、チームにあつれきは生まれなかった。人気をねたむ者もいなければ、陰口をたたく人間もいなかった。それは荒木が浮かれたり調子づいたりしなかったからだ。

「どんなにまわりが大騒ぎしても、大輔は全然顔色を変えない。キャーキャー言ってても、まるで女の子がそこにいないみたいに。僕たちには気をつかっていたんでしょうね。平然と練習をすることにも驚いたけど、まわりの人間に気を配れるのがすごいと思った。僕がその立場だったら、絶対に無理。大輔だけじゃなくて、小沢も人気がありましたけど、彼らが浮くということはありませんでした」

チームメイトであると同時に、ライバルでもある。だが、同じピッチャーである石井は荒木を支える立場にいた。

「大輔は1年生で甲子園の準優勝投手になりましたが、それを鼻にかけるようなことはまったくなかった。リトルリーグ時代から騒がれる選手でしたけど、敵はいなかったと思います。甲子園から帰ったあとの騒がれ方はすごくて、電車に乗るときには同期が囲んで守っていました。女子対策というのもあったけど、他校の生徒に絡まれることがあったら大変だし」

当時、授業が終わったあと、野球部員は学校からグラウンドまで1時間ほどかけて電車で移動していた。学校とグラウンドと家だけが荒木がリラックスできる場所だった。

「大輔がかわいそうだなと思ったのは、普通のことができないこと。僕たちもたまに繁華街に行くこともありましたが、彼がいるとすぐにばれて大騒ぎになる。女の子が大勢集まってきちゃいますから。一緒にゲームセンターに行ったかどうかは覚えていないけど、インベーダーとか、ギャラクシーゲームなんかがあったころ。普通の高校生がするようなことも難しくてね。息抜きもできなくて、かわいそうだった」

強打の日大三打線が手も足も出ない

高校球児にゆっくりと休む時間は与えられない。ほかのチームが新チームに移行し、秋季大会に向けて鍛えている時期に、早実は甲子園で戦っていた。1、2年生が多かったとはいえ、強豪たちに後れを取っていることは明らかだった。

真夏の甲子園で6試合を戦った荒木に疲労がなかったはずはない。右ひじには不安があった。だが、翌春のセンバツ出場をかけた秋季東京大会はすぐに始まった。

当時は、東京大会を勝ち抜いて決勝まで進んだ2校に甲子園の出場権が与えられることが通例になっていた。早実はブロック大会で4連勝、東京大会1回戦で忠生《ただお》と対戦し、6対0で勝利を挙げた。日大三との準々決勝も7対0で圧勝。この試合でも荒木は先発し、強打の日大三打線を0点に抑えた。

この試合をベンチ外メンバーとして見ていた日大三の宮下昌己が言う。

「オレはネット裏で見ていました。センバツの出場権のかかった試合だったんですが、あっさりやられました。日大三の打線は強力だったのに、まったく歯が立たない。かろうじてバッティングになっていたのは福王昭仁さん（元読売ジャイアンツ）くらい。ストレートとカーブの2種類だけでしたが、手も足も出なかった。とにかく、コントロールがすごかった。『高校生でこんなピッチャーがいるのか』『これじゃ、打てない』と思いました。コースの出し入れで勝負するタイプで、ストレートもカーブもきっちりコーナーに決まる。

一段とレベルを上げたなと思いました。

中学時代に大輔のストイックさを見ていましたから、このままずっと勝ち続けるんだろうなと思いましたよ」

続く準決勝では日大二に1点を奪われたものの、7対1で勝利し、甲子園出場を確実にした。桜美林との決勝もそれまで同様のピッチングを見せて、被安打4、3対0の完封勝利を挙げた。夏の疲れを見せることなく、4試合36イニングをひとりで投げ切り、荒木は2回目の甲子園を手繰り寄せた。

筋書き通りにいかないのが高校野球

前年夏の甲子園での荒木のピッチングが鮮烈だったこと、レギュラー選手が6人も残っていたことから、1981年春のセンバツでは早実が優勝候補の筆頭に挙げられていた。

しかし、和田明監督は『輝け甲子園の星　1981早春号』で大会前にこう語っている。

《「昨年の夏に準優勝、そのときのメンバーがそっくり残っているから今年のセンバツも、とみなさんはお考えのようですが、高校野球なんて、そんな筋書き通りにいくもんじゃありません。

うちは荒木大輔という注目株を抱えて、どうしても周辺が浮ついた気分にさせよう、させようとしていますので、このへんは必要以上に手綱をしめています」》

荒木は「1試合1試合、自分の持っているものをぶつけてみたいです。優勝とかを意識するんじゃなくて」と語っていた。

しかし、荒木にとって2回目の甲子園は短かった。

大会初日に東山（京都）と対戦し、2対6で敗れた。夏の甲子園のあとに悩まされた右ひじの痛みはもう癒えていたのだが……。

1回表に早実は1点を先取。背番号1をつけて先発のマウンドに立った荒木は1回裏を三者凡退で抑えた。6回表に早実が追加点を奪いそのまま押し切るかと思われたが、その裏に荒木は2失点。同点で迎えた8回裏、2本のヒットと3つの四死球で失点し、ランナーを残したまま芳賀誠のリリーフをあおいだ。だが、芳賀も後続を切ることができずに2対6で敗れた。

荒木は「僕自身におごりがあったんです。今日負けて初めてそれに気がつきました」とコメントを残し、和田監督は「大輔は昨夏よりも数段悪かった。出直しです」と言った。

前年夏の甲子園での早実の戦いに野球関係者はみな注目していた。当然、荒木のピッチングは研究されていたはずだ。東山の南川良三郎監督は試合後にこう語っている。

「相手はすばらしい投手なので、気持ちだけは負けるなということと、思い切って振り切れということを指示しました」

荒木はこの試合をこう振り返る。

「東山の気迫はすごかった。技術だけではなく、精神的なものが合わさって強いチームが生まれるのだと思います」

2回目の甲子園はあっけなく終わった。

だが、荒木には夏の甲子園が待っていた。

野球マンガの主人公のような活躍

1981年、夏の東東京大会を、早実は危なげなく勝ち上がっていった。

3回戦は目黒に11対1で勝ち、4回戦は國學院を15対0で一蹴している。準々決勝の成城を9対0で下し、準決勝では修徳を6対1で破って決勝に進出。決勝では豊南に3対2で競り勝ち、2年連続で夏の甲子園出場を決めた。

荒木は力強さを増して、甲子園に戻ってきた。

1回戦の高知（高知）には4対0で完勝。荒木は高知打線から10個の三振を奪い、1安打に抑えた。2回戦では鳥取西（鳥取）に8安打を許しながらもホームを踏ませず、5対0で下した。

3回戦の相手は四番エースの金村義明を擁する報徳学園だった。この年の春のセンバツで初めて甲子園の土を踏んだ金村は、大府（愛知）のプロ注目の大型投手・槙原寛己（元読売ジャイアンツ）に1回戦で敗れていた。

報徳学園にとって甲子園の1回戦負けは史上初の大事件で、金村がそのすべての責任を負わされていた。

金村は言う。

「A級戦犯扱いされました。ピッチャーの僕がひとり相撲をとったせいで、大府に負けましたから。槙原のすごい剛速球を見て、僕のストレートがカンカン打ち返されたこともあって、ピッチャーとしての実力差を思い知らされました。甲子園に5回出るつもりで報徳学園に入ってきたのに、なかなか出られず、やっと出場したセンバツで汚名をかぶってしまった。3年の夏が最後のチャンスなんで、燃えていました」

報徳学園ほどの強豪になれば、兵庫大会の1、2回戦あたりはエースを温存して控え投手を投げさせることが多い。夏の大会は体力勝負になるからだ。だが、はじめは外野手としての出場を打診された金村はそれを断り、予選の最初から最後までひとりで投げ切った。

「もし、別のピッチャーが投げて負けたら、そいつに何をしてしまうかわからんかったから。『1回負けたら終わりなんで、僕が投げます』と言って、7試合を投げました」

ピッチャーで四番が珍しくなかった時代だが、金村の実力は飛び抜けていた。1回戦の盛岡工業（岩手）戦では、投げては5安打完封、打っては4打数2安打1打点。2回戦の横浜（神奈川）戦では3安打しか打たせず、自分のバットで2本のホームランを放った。

まるで、野球マンガの主人公のような活躍だった。

「盛岡工業に勝って、次に対戦が決まったのが横浜。本心では『これは負けたかな』とも思っていたんだけど、直前に柔道部の親友が亡くなったという知らせを受けて『弔い合戦や』と思って試合に臨みました。奇跡的に2本のホームランが飛び出して、勝つことができた」

人気者に対してジェラシーの塊

前年の優勝チームに続く対戦は準優勝の早実だった。相手にとって不足はなかった。

「荒木の人気に対して、ジェラシーの塊だったから、『年下のピッチャーに負けるわけにはいかない。絶対に勝ってやる』と思いました」

地元の報徳学園と優勝候補の早実との対戦で、甲子園には5万5000人の観衆が詰めかけた。金村が感じた荒木の印象は「コントロールのいいピッチャー」だった。

「センバツで対戦した槙原がすごかっただけに、荒木から迫力は感じなかった。学年が下だということもあって、同級生と対戦するときのような敵愾心《てきがいしん》は湧いてこなかったね。

荒木のよさはコントロールとボールのキレ。どんなときでも、低めに丁寧に投げる。もうすでに完成しているような投球術やったよね。確かにストレートはシュート回転してたけど」

槙原の剛速球が金村に与えた衝撃は相当なものだった。高校卒業後にプロ野球に進んだあとも、槙原以上の速球に遭遇することはほとんどなかった。

「センバツで、大府の選手のところに行って、『槙原、どこや〜、かかってこいや！』とカマしたんやけど、彼がブルペンで投げてるときからザワザワしていて、試合で1球投げた瞬間にベンチも球場もシーンとなったからね。あんなボールは初めて見た。自分のなかで一番速いピッチャーは槙原。上には上がいる、自分が井の中の蛙《かわず》だということを思い知らされましたよ」

金村はセンバツの大府戦で心に決めたことがあった。ピッチャーは高校まで。そのあとは打者として勝負する。プロ野球のスカウトから熱い視線を浴びていた金村にとって大きな決断だった。

「槙原のストレートを見て、怪物みたいなピッチャーと投げ合いながら『もうピッチャーはやめよう』と思いました。結局、5点も取られて1回戦敗退。OBには『おまえのせいや』と言われましたよ。でも、報徳学園には僕よりいいピッチャーがいないから、夏はどんな手を使ってでも抑えてやろうと考えを変えました」

エースとしてのプライドを捨て、とことんまで勝利にこだわった。ストレートのスピード表示などどうでもよくなった。

「もうプロ野球のスカウトの評価がどうなってもええ。いまでいうカットボールも投げたし、わしづかみにしてチェンジアップみたいなボールも投げたし。できることは何でもやりましたよ。

横浜の吉岡浩幸という四番が鼻息荒くてね。そんなバッターにはストレートを投げるような顔をしてスローカーブを投げた。おちょくりながら三振を取るのが楽しかった」

野球はひとりではできない

早実と報徳学園の試合は両エースの投げ合いで進んだ。早実は金村の絶妙なピッチングの前に6回までわずか1安打に抑えられた。対する報徳学園が放った安打も2本だけ。勝負は終盤にもつれ込んだ。

主導権を握ったのは早実だった。7回表、3連打にバントを絡め、3点をリードした。

その裏、報徳学園も金村のライト前ヒットでチャンスをつくったが、荒木の丁寧な投球でかわされてしまった。8回の表裏に両チームが1点ずつ入れ、4対1で最終回を迎えることになった。

9回表の早実の攻撃を3人で終わらせた金村はマウンドで荒木を待っていた。その裏の攻撃は四番打者の金村から。もしかすると、高校時代の最後の打席になるかもしれない。

「荒木がマウンドまでくるのを待って、『最後の打席、勝負せえよ！』と言ってボールを投げました」

祈るような気持ちを込めたボールを受けた荒木が、黙ってうなずいたように金村には見えた。

9回裏、報徳学園の攻撃。金村がフルスイングした打球はセンター方向に飛んだ。それをセカンドの名手・小沢章一が捕って一塁に送球――判定はセーフだった。

「完全にセンターに抜けたと思ったら小沢が捕って、間一髪でしたよね。荒木はいま会ってもまだ『あれはアウト』言うけどね。そのたびに『審判の判定は絶対やぞ』と返してます（笑）」

荒木は五番打者にデッドボールを与えてノーアウト、一、二塁。その後、2本の二塁打が出て同点に追いついた。

「心のなかでは『もう負けた』と思ってましたよ。でも、あそこから追いつくのは報徳学園の伝統の力でしょうね。それしかない。ろくにヒットを打ったことのない選手があそこで打つんやもん。それまで僕のワンマンチームだったけど、『野球はひとりではできない』と勉強させられた試合だった。僕はチームメイトを全然信用してなかったから」

4対4の同点になって、勝負は10回へ。荒木にとって、甲子園で経験する最初で最後の延長戦だった。

金村は10回表の攻撃を3人で抑え、再びマウンドで荒木を待った。

「僕はまた『勝負やぞ！』と言いました。その言葉の意味は、『ストレート投げてこいよ』です。そう言えば、男としてストレートを投げてくるやろうと考えて。心のなかでそう決めて、インコースのボールを待ちました」

前の打席では最後にホームランを打ちたいという欲があったが、この打席では勝ちたい——ただそれだけだった。

「インコースにナチュラルにシュートするストレートがくると信じて、体を開きながら思い切り引っ張りました。それがレフト線の二塁打になった。荒木はもうふらふらやったけど、変わらず淡々と投げていましたね。メンタルが強い」

ツーアウト、二塁。セカンドベース上にいる金村がホームを踏めばサヨナラだ。

「完全に負けた試合を奇跡的に追いついたから、もう負けるはずがないと思いましたよ」

五番・西原清昭の打球はレフトの頭を越えた。二塁ランナーの金村は大きなガッツポーズをしながらホームベースを踏んだ。

「そのときの気持ちはうれしいのひと言。あのときのガッツポーズを見てもらったら、その気持ちがわかるやろう。天にも昇るっていうのは、ああいう気持ちやろうね」

顔で負けても野球では負けない

それまで金村のなかにあったジェラシーは勝利の瞬間、きれいになくなった。

「あれだけ騒がれて、女の子にもキャーキャー言われて、僕はジェラシーの塊でしたよ。でも、試合に勝ったらどこかにいったね。だって、荒木ほどの人気者はもう甲子園にはいないんだから。それと同時に、あの荒木に勝った、早実をやっつけたという自信めいたものも湧いてきた。振り返ってみれば、早実との試合が事実上の決勝戦だったと思う。あのころ、『荒木に顔で負けても野球では負けない』と言うてたらしいね。はっきり覚えてはないけど、僕は関西人やから『荒木くんについてどうですか?』と記者に聞かれたら、そんなふうに答えるやろね。まあ、100パーセント間違いない。『オレのほうが上やで』と言いたかったんやろう」

報徳学園は準々決勝で今治西(愛媛)を3対1で下し、準決勝で大会ナンバー1サウスポーの工藤公康(現福岡ソフトバンクホークス監督)のいる名古屋電気(現愛工大名電)を3対1で下した。決勝では京都商業(京都)を3安打完封、2対0で破って全国制覇を成し遂げた。

決勝戦で最後のバッターを三振に打ち取った瞬間、金村は両手を上げてマウンドで飛び上がった。

「前年の甲子園優勝校の横浜と、準優勝校の早実に勝ったわけやから、どこにも負けるはずがないと心のなかでは思っていました。もし負けたら荒木たちに申し訳ないという気持ちもあった。もう怖いものは何もなかったね。どこにも負ける気がしなくなった」

兵庫大会から甲子園決勝まで全イニングを投げ切った金村に疲労がなかったはずはない。

「兵庫の予選も甲子園6試合も全部ひとりで投げ切って、もうヘトヘトやった。でも、最後のバッターから三振を取った瞬間、飛び上がってね。もう力なんか残ってなかったはずなのに。高野連からは、『金村のガッツポーズはなんや』とクレームがきましたよ。でも、そんなのは一切関係ない。

それまでは勝つために変化球ばかり投げて抑えてきたけど、最後の最後だけはストレートで勝負したかった。京都商業の最後のバッターが出てきたとき、これでピッチャーとしては終わりやと思ったからね。アウトコースの低めにストレートを投げて、見逃し三振。そこで気持ちが爆発して、あのジャンプになった。最後はピッチャーとしての意地やね。『すべて終わった！』と思ったよ」

ひとりで投げてひとりで打ち、甲子園で日本一になる。野球少年の夢が現実になった瞬間だった。

「本当は、荒木みたいに5回とも甲子園に出たかったけど、最後の最後に日本一になれた。

夏に優勝投手になって、ドラフト1位でプロ野球にも行けた。そういう意味では、高校野球に思い残すことはありません。小学生のときに書いた作文通りの野球人生を歩めたから」

リトルリーグ世界一はエリートの象徴

近鉄バファローズや西武ライオンズ、中日ドラゴンズで18年間プレーした金村にとって、高校時代の日本一は特別な意味を持つ。

「夏の甲子園優勝投手はその年にひとりしかいない。その責任を感じて、力も湧いてきた。いまだに顔と名前を覚えていてくれる人がたくさんいる。荒木の敵役としてではあるけれど、さわやかな高校野球のなかで僕のインパクトは大きかったみたい。講演などで話をさせてもらうときには、いろいろな人に声をかけていただく。そのたびに甲子園の大きさを感じますね」

軟式野球出身の金村にとって、リトルリーグ世界一の実績を持つ荒木はエリートの象徴だった。だからこそ、自らの手で倒す必要があったのだ。

「僕は子どものとき、リトルリーグに入りたかった。実際に宝塚リトルの練習を見にいっ

1981年夏の甲子園優勝の瞬間、跳び上がった金村義明

たしね。でも、親父に大反対されて、『野球はやめろ』とまで言われた。

荒木はリトルリーグで世界一になった男で、あの王貞治さんの母校の早実のエースで、1年生の夏に準優勝して、関西の女の子にキャーキャー言われとる。実際に甲子園に出てみたら、早実の選手だけ特別扱い。となれば、こっちはジェラシーの塊になるしかない。『絶対に負けたくない』ってなったよね」

ジェラシーを力に変えて、金村は日本一まで上りつめたのだ。

喜怒哀楽は出さず、いつでも自然体で

荒木がマウンドにいた早実は、先制逃げ切りを勝ちパターンにしていた。機動力を生かしたソツのない攻めで早い回に得点し、それを荒木のテンポのいいピッチングと堅い守備で守り抜く。甲子園で戦った17試合のうち、相手チームに先に得点を許した試合はわずか1試合だけ。そのかわり、逆転勝ちは1試合もない。

先に得点したチームが有利であることは歴史が証明しているが、逆転勝ちは高校野球の醍醐味《だいごみ》のひとつ。ところが、荒木のいた早実にはそれがなかった。

最後の打席を前にして、マウンド上で荒木に「勝負せえ」と言った金村の執念が勝利を呼び込んだことになる。いまの高校野球の基準で考えればマナー的に問題があるかもしれない。しかし、金村はそこまでしてでも勝ちたかった。冷静な荒木の仮面を引きはがして、ストレート勝負に持ち込もうというしたたかさもあった。

余計な感情を表すことなく、ただ淡々と投げ続けた荒木が、最後に金村の策略にはまったとも言える。「逆転の報徳」の伝統が選手たちの背中を押した部分もあったはずだ。8回表まで3点リードしていた早実は、金村たちの執念を振り払うための何かが欠けていた。

荒木はそのことを否定しない。

「最後で彼らの攻撃を押しとどめることができなかったのは、普段、僕たちが追い込まれていないから。ずんぶんあとにNHKの取材で、当時の報徳学園の北原功嗣監督にお話を聞いたときに、『東京のやつらには絶対に負けないつもりで、最後に気合を入れた』とおっしゃっていました。それで同点に追いつかれて、最後にやられてしまったということ。でも、それが早実の野球なので、いまでも後悔はありません」

初めて甲子園でアウェーだと感じた

もし、8回裏の攻撃で荒木が先頭打者の金村を抑えていたら、報徳学園の逆転はなかったかもしれない。

「マウンド上で金村さんに何かを言われたことは、覚えています。そのときは聞こえていたはずなんだろうけど、内容は全然……。僕は基本的にマウンドの上にボールを置いてからダグアウトに戻るようにしていました。それが礼儀正しいと言われたんだけど、そんなつもりはなくて、ただ習慣として、そうしてただけ。ただ、金村さんと直接ボールのやりとりをした記憶はあるから、そのときに会話があったのかな。もちろん、脅されたわけじゃないし、それがピッチングに影響したということもなかった」

金村は二塁から派手なガッツポーズをしながらホームベースを踏み、荒木は少しだけ肩を落としてマウンドから降りた。

「8回裏の金村さんのあの内野安打は絶対にアウトです。いまでもそう思っています。盛り上がるスタンドからの声援を受けて、初めて甲子園がアウェーだと感じました。10回裏、レフトオーバーを打たれて二塁ベースから金村さんが帰ってくるところは見ていません。ただ、勝っていた試合を逆転されたことに対して、先輩たちに申し訳ないなと思いました。3年生のピッチャーがすごく面倒をみてくれて、そのふたりへの思いが強かったですね。サヨナラヒットを打たれたボールには油断があったので、それについては悔いが残りました」

野球マンガのヒーローのように感情をむき出しにする金村と、常に冷静沈着な荒木。この試合でははっきりと明暗が分かれた。

「僕は表情を出さないようにしようとしていたわけではなく、普通でいようと思っただけ。あんなガッツポーズは金村さんだから似合うんです。僕だけでなく、早実には喜怒哀楽を表に出す選手はあまりいませんでした。でも、それは意識したことではなくて、あくまで自然に。

金村さんは、打つことに関してはすごかった。正直、ピッチャーとしてなら勝てると思いましたが、バッターとしての能力に加えて、怖さを感じました」

打席での力みは凡打を生むが、金村には気合や闘志をバットに伝える技術があった。

「それが金村さんのすごいところでしょうね。いま考えれば、高校生なら、僕や早実に対しておもしろくないと思うのが普通だったと思う。早実に対して、金村さんは感情をそのままぶつけてきましたね」

追い込まれることなくきれいに勝つ

昭和の高校野球の歴史をひもとくと、甲子園の優勝チームには鬼と呼ばれる厳しい監督がいた。猛練習を課す監督の指導に耐えることによって、選手は心身ともにたくましさを増し、日本一を手にした。ときには鉄拳制裁もあった。

ところが、荒木のいた早実に鬼監督はいなかったし、根性をつけるための猛練習もなかった。

「学校からグラウンドまで電車で1時間くらいかかりました。ナイター設備もないので、暗くなったら練習は終わり。大会が近くなっても、授業をやめて練習するということもありませんでした。本当に、クラブ活動の一環でしたから」

指導者からの押し付けや圧迫がない分、選手は自由にプレーすることができた。

「みんなで楽しく、のびのびやっていたことが好結果につながったように思います。相手のほうにプレッシャーがかかって、気負ったり力んだりすることで勝手にミスしてくれる。そういうものが積み重なって甲子園でも勝つことができたんだと思います」

それが早実の勝因だった。だが、自由が土壇場での淡白さを招いた可能性もある。

「僕たちが大事なところで勝てなかったのは、単純に練習していなかったから。楽しみながら野球をしよう。厳しいことを避けて、うまくやっていけばいいみたいな感じだったので。厳しい環境で野球をしているチームに勝てるはずがないんです。

本当に追い込まれたとき、それをはねのける強さがあったかというと、僕たちにはなかった。むしろ、ほかが苦しい野球をするんだったら、違うことをやりたいと思っていました。僕らにとって、『気持ちで勝つ』というのはないんです。ほかの高校とはまったく逆ですね。いつも余裕を持った状態で、追い込まれることなく、きれいに勝つ」

猛練習の対価が勝利だと考えられていた時代。誰もが質より量を求めているときに、早実の選手たちは極めて革新的な思考を持っていた。

「猛練習をすれば、強くなるのは当たり前。でも、きついことはしたくない。『猛練習をしないで勝とうよ』とチームメイトの数人とは話していました。

夏の大会前にはOBの方々が練習を手伝いにきてくれるんですが、『おまえたちは全然強くない』と言われました。でも、東京では負けない。甲子園でも何回かは勝てる。先輩には不思議がられましたね。僕たちも強いとは全然思っていません。だからいつも気負いがない。普段通りに試合をしていました」

名門なのに自主性を重視する監督

このとき早実を率いていたのは和田明だった。

1965年に監督就任、1975年に監督として初めて甲子園出場を果たした。1977年には春夏連続で甲子園ベスト8入り。27年間の監督生活で11度甲子園に出て、17勝を挙げた名将だ。

「和田さんはよく、自分たちの時代には理不尽なことはたくさんあったけど、『そういうのをやられてすごく嫌だったから絶対にするなよ』と言っていました。注目されるチームで選手の自主性を大事にする監督は珍しいんじゃないでしょうか。監督としての目がなければやれないことだと思います」

和田は1992年3月に、54歳でくも膜下出血のため亡くなった。

「どんなに優秀な選手でも、ある程度の指導は絶対に必要です。その選手が持っているものそのままではいずれダメになる。それを見極めながら、成果を出させることは本当に難しいと思います。和田さんは判断が素晴らしかったんじゃないでしょうか。ただ野放しにするだけじゃなくて、ポイントポイントでアドバイスするところが。

僕たちは監督に怒鳴られるということはありませんでした。和田さんから勝つことに対してプレッシャーをかけられたことは一度もありません。練習でも、選手に任せて、監督が先に帰っちゃうことがけっこうありましたよ」

選手の伸びしろを考えて無理させない

和田が監督になったとき、早実には大矢明彦がいた。ヤクルトスワローズで活躍したのちに野球解説者を経て、1996年から2年間、さらに2007年から2009年途中まで横浜ベイスターズ（現横浜DeNA）の監督をつとめた。

「和田さんはスパルタ式の監督ではなかったね。『これをしちゃいけない』と抑制する人じゃなかった」と大矢は言う。

「和田さんはチームの方針をはっきり示して、『おまえたちの力を出せるようにオレも頑張るから、おまえたちも頑張れ』と言ってくれた。僕たちにとっては、兄貴みたいな存在だった。練習に関しては、合理的だったと思う。ユニフォームを着ているときには、自分の練習ができたという印象が残っているね。

荒木が言うように、選手をむやみに追い込むことは当時もなかった。プレッシャーをかければもっと勝てたかもしれないけど、選手をつぶすことはしなかった」

1年生エースの荒木が、大きな故障をすることなく甲子園に5回も出場できたのは、和田の指導があったからだろう。

「荒木を外からしっかりガードしたうえで、選手に対して、『あれをやっちゃいけない』『これはダメ』と抑制しなかったことがいい結果につながったんじゃないかな。選手のことを信用する監督だったし、それぞれの伸びしろを考えて、勝つために無理をさせなかったと思う。いまの早実の和泉実監督がよく似てるよね。和田さんと通じるものを感じる」

勝つか負けるかの場面になれば、監督の言葉がモノをいう。選手を怒鳴りつけるのも、そっと背中を押すのも監督の腕だ。

「なかには『なんとかせぇ！　おまえら』って言う監督もいる。でも、和田さんはそうじゃなかったね。ガッツポーズしたり大騒ぎしたりする選手がたくさんいるけど、荒木みたいに淡々とプレーするのが早実なんだよね。どっちかというと、都会的。別の見方をすれば、『ひ弱』と言われちゃうんだろうけどね。土壇場では泥臭さも必要かもしれないけど、さわやかに戦う姿をファンの人に見てもらうのも大事だと思う」

何十年経っても、変わらない早実らしさがある。

「たとえば、その年選ばれたキャプテンを中心にチームをつくっていくところ。そして、選手それぞれが役割をきちっとこなす。レギュラー争いをさせて競争意識をあおるというやり方もあるけど、早実では3年生くらいになれば自分の実力がわかるから『チームのバックアップに回ろう』となる。だから、上級生が足を引っ張ることがない。ほかの高校のことはわからないけど、早実には下級生も大事にしようというのがあるよね」

荒木は和田監督と早実野球部の風土に守られて成長していった。

「まだ1年生のときはひ弱だったよね。『よくこの子で決勝までもったな』と思ったもん。でも、年を追うごとに体ができてきて、自分でもどういうピッチングをすればいいかということが見えてきたんだと思う。あれだけの期待に応えることは、並みの高校生ではできない。東京には強豪がたくさんあるから、予選を勝ち上がるだけで本当に大変。ある意味、東京で優勝するのは甲子園で勝つより難しかったかもしれない」

早実は早実らしく戦い、敗れた。荒木の3回目の甲子園も、日本一には届かなかった。

背番号11の1年生エースが最上級生となって甲子園に戻ってくるとき、どんな姿に変身しているのだろうか。

第4章
圧倒　東京では負けなかった早実

1981年夏の甲子園の3回戦で姿を消した早稲田実業で、荒木大輔、小沢章一など1年生からレギュラーを張る選手が最上級生となる新チームが発足した。キャプテンに選ばれたのは小沢だった。

荒木にとって小沢は1年の夏からグラウンドで戦う戦友だ。

荒木は言う。

「小沢は身体能力がものすごく高くて、野球選手としてもすごかったし、それ以外でも何でもできる男でした。体は166センチ、60キロぐらいで小さかったけど、パワーもあって、動きがやわらかかった。

何より野球が好きだった。2年生の夏の大会のあとには日本選抜メンバーに選ばれましたが、それが当然だと思える選手でしたね」

準優勝した1980年夏の甲子園では、荒木は二塁手のところに40個のゴロを打たせ、小沢はそれをすべてノーミスで処理した。内野守備の要であると同時に心の支えでもあった。

「あの夏、同級生が一緒にグラウンドにいてくれて頼もしかった。チームにとって欠かせない存在だったので、心強かったですね。お互いに気をつかうこともなく、何でも話せました。遠慮はまったくありません。一緒に戦っていこうと思える貴重な仲間でした。

僕が甘いボールを投げて、いい当たりを打たれても、小沢がそこにいる。キャッチャーのサインを見ながらポジションを変えてうまく守ってくれました。そういう意味でも本当にありがたかったですね。クラスも同じで、ずっと一緒にいましたよ」

早実の強さの理由がわからない

前年と同じくスタートは遅れたものの、早実は小沢を中心にまとまり、東京では相変わらず飛び抜けた強さを見せていた。春の甲子園のかかった秋季大会のブロック大会では4試合すべてで完封勝ち。15対0、15対0、8対0、10対0という圧勝だった。

しかし、東京大会の準決勝で大きなピンチが訪れた。日大二との一戦は7対7の日没コールドゲームという苦しい試合になる。

当時は、東京大会の決勝に進んだ2校が春のセンバツに出場していた。先に決勝に進出し、甲子園出場を確定させた二松學舎のエース・市原勝人はバックネット裏で早実のその試合を見ていた。

市原は言う。

「延長11回表の早実の攻撃が終わって、7対7でした。もう早実に勝ちはない。負けるか、日没コールドゲームで再試合になるかという場面で、大輔が先頭打者に三塁打を打たれました。ああ、もうこれで早実の4季連続の甲子園はなくなったなと思ったんですが、満塁策を取って、そのあとを三者凡退でパッと抑えた。それを見て『何がすごいというわけじゃないけど、早実はすごい』と改めて思いました」

日大二との再試合は序盤から早実がリードを奪い、8対1で勝利。荒木は4回目の甲子園出場権をつかんだ。

「散々てこずった日大二にも、再試合では8回コールド勝ち。どういうチームかばれちゃったら、2回目には通用しない、相手にならないと感じました。早実の強さは何かと考えても、よくわからない。形のないものなんですよ、きっと。

それなりに打線もいいし、隙がないし、控えにもいいピッチャーがいるんだけど、それだけじゃない。ものすごく機動力があるわけじゃないのに、最後の最後では早実が勝つ。

きっと彼らも『最後はオレたちが勝つ』と思っていただろうし、対戦する僕たちもそうだった」

秋季東京大会決勝では、二松學舎が2点をリードしたまま9回を迎えた。あとひとつアウトを取れば荒木のいる早実に勝てる。しかし、そこから6点を奪われ、4対8で二松學舎は敗れた。

「他校と戦力を比較しても、飛び抜けているわけじゃないのに、最後は勝つ。1983年から1985年の、桑田真澄と清原和博がいたPL学園と戦っても、いい勝負になるんじゃないかという気がします。組み合ったら、なぜか負けない。知らないうちに自分たちのペースに持っていく。それが早実の強さですね」

技術だけでは東京の早実には勝てない

市原からは、東京で戦う早実と甲子園の早実は別のチームに見えた。

「実力以上に神がかったものを持っていると、東京のほかの高校の選手は感じていたんじゃないでしょうか。何かに守られているような。技術だけでは、東京の早実には勝てない。

たとえば、伝統とかマスメディアの力とか応援団の空気とか、世間の期待や注目とか。それらはみんな、僕たちにはなくて彼らにはあるものだった」

２０１５年、１年生スラッガーの清宮幸太郎（現北海道日本ハムファイターズ）が登場したときの早実がそうだった。清宮の一発によってスタジアムの空気が変わり、試合が大きく動いた。現在、二松學舍の監督をつとめる市原は、荒木のころと同じ雰囲気を感じたという。

「清宮くんが高校1年の秋に対戦したとき、似たものがありました。ただ、大輔のときとは比べものになりません。清宮くんのときは大江竜聖（現読売ジャイアンツ）が抑えて、サヨナラ勝ちしました。試合後、『荒木大輔のいた早実が相手だったら勝てなかったかもしれない』と思いました。もし同じ展開になったとしたら、やられていたんじゃないかな。

もちろん、あのチームの中心にいたのは大輔です。あれだけ歴史のある野球部なのに、選手を包む空気みたいなものは、ほかのチームにはないもの。選手たちは重荷に感じることなく、いい部分だけを背負っているように感じましたし、野球をよく知っていて、とにかくスマートでした。伝統校にありがちな『OBに怒られるからやらなきゃ』というストレスもなさそうだった」

怪物や天才がいるわけでもない。それでも早実には勝てなかった。

「大輔のいた早実には僕の友達もいましたが、個人個人を見たら、野球選手としてそれほどすごいわけじゃない。でも、あのユニフォームを着て、球場で『紺碧の空』が流れると、違う選手みたいになる」

スーパースターをみんなで守る

1980年の夏以降、荒木は常にマスメディアの注目を浴びた。女性ファンもまとわりついてきた。3大会連続で甲子園に出たあとは、さらにプレッシャーがかかったはずだ。「勝って当たり前」という空気がいつもあった。

「もちろん、名門ということもあって、彼らはいつも『負けられない』と感じていたはずです。監督から厳しいことを言われなくても、それはわかっていたでしょうね。普段から、練習試合でも負けられないプレッシャーを感じながら戦ってたんじゃないですか」

野球部は高校のひとつのクラブにすぎないが、注目度は桁違いに高い。1982年春のセンバツに出場した市原もファンからの攻勢に悩まされたひとりだ。

「家の住所がわかるはずないのに、いっぱい手紙がきました。女子から声をかけられる機会も増えました。高校生が毎日、あんな騒がれ方をしたらおかしくなりますよ」

二松學舍が夏の甲子園出場を果たした２０１４年には、大江と今村大輝という1年生バッテリーがいた。取材を受ける野球部側の苦労はよくわかっている。

「あのころの大輔と比較にはなりませんが、取材には気をつかいました。和田さんはいろいろ言う監督じゃなかったと聞きますが、相当なご苦労があったと思います。誰かに取材が集中すると、選手本人はともかく、まわりがおもしろくない。どうしても浮いちゃうんですよ」

だが、荒木のいた早実からは取材に関する不協和音は聞こえてこない。

「早実は頭のいい選手ばかりだから、みんなで大輔を守ってやろうと考えたんじゃないでしょうか。そこが早実のすごいところ。本当だったら、高校生だからヤキモチもあっただろうけど。それぞれが自分の身の丈をわかっていて、与えられた役割をまっとうする。みんなが四番バッターにはならない。荒木大輔というスーパースターを、自然とみんなが守る形ができあがっていたんでしょうね」

どんなに強い相手でもひるまない

１９７７年に春夏続けて甲子園に出場し、どちらも準々決勝まで進んだ早実のチームにはスター選手が揃っていた。高校卒業後に中日ドラゴンズに入った川又米利、荒木の兄・健二がいた。

「そのころのチームはスター揃いという印象でしたが、大輔のころはそこまで優秀な選手がいるという感じではなかった。軟式野球出身の選手もいて、みんながみんな、野球エリートというわけでもない。だけど、ひとりひとりが背伸びしないで、『わきまえているチーム』は強い。監督が何も言わなくてもまとまっていくから」

いくら底力があっても、試合でそれを発揮できなければ意味はない。そういう意味で早実の選手たちの「コストパフォーマンス」は高かった。

「早実の選手には、力を出すのがうまいという印象があります。基本的に頭がいいから、野球以外でも成功体験を持っている。これをやればうまくいくというのが、しっかりとわかっていた。早実以外の選手たちは、相手のことを実際よりも大きく見てしまうことが多い。冷静に考えれば自分と同じ高校生だから恐れることはないんだけど、『あの早実だから』と思ってしまう。

仮に、1年生で150キロ近いボールを投げるピッチャーがいたとします。それが翌年、160キロを投げられるようになるかというと、そんなことはない。『現実をしっかり見れば、相手のことがわかるよ』といまの選手たちにはよく言います。早実の選手たちはどんな相手でもひるまなかったし、見上げなかった。これは大きいと思います」

春も夏も甲子園に出ているチームの強みだろう。全国レベルの戦いを知れば、東京で対戦する相手は怖くない。冷静に分析することで相手の弱点が見えてくる。

「僕は、甲子園の早実も、甲子園の荒木大輔にもあまり関心がありませんでした。本当の早実の強さはあそこにないですから。東京の予選で戦う早実が本当の姿。だからこそ、彼らに勝ちたかった」

市原は高校卒業後、日本大学に進んだ。日大野球部には、甲子園で活躍した選手が大勢いて、彼らは早実の強さに首をかしげていた。

「実際に大輔と対戦した選手もいて、『どうして早実を5回も甲子園に行かせたんだ』と言われました。あいつらは全然わかっていないんですよ、本当の早実の強さが。だったら、東京で早実と戦って、勝ってみろと思いました」

ど真ん中に投げても打たれない

市原は荒木と2度対戦していずれも敗れた。同じ東京で戦うライバルの目に、荒木はどんなピッチャーに映ったのか。

「1年生のころはストレートがナチュラルに変化する癖があって打ちづらかったんですが、いいボールがいくようになって、それはなくなりました。もちろん、いいピッチャーには変わりないけど、嫌なピッチャーではなくなっていた。『まとまった』という印象が強かった」

それでも相手チームは荒木を攻略することができなかった。

「ストレートのスピードは130キロの後半だけど、カーブは相変わらずよかった。でも大輔の一番いいところは、気持ちをコントロールすることです。最近はよく『ギアを上げる』という言い方をしますが、ピンチになったときにいきなりすごいボールを投げることができた」

試合での経験が乏しいピッチャーは常に全力で投げる。数多くの修羅場を踏んだ荒木は、打たれてもいい場面と抑えなければいけない場面を見極めて、ピッチングを変えた。

「それは場数を踏まなければできないことです。当時、高校生でできるピッチャーはいなかった。試合で勝利を積み重ねるうちに、効率のいい勝ち方を覚えたんでしょうね」

どれだけ速いボールを投げていても、バッターと相対すると、力んでストライクが入らなくなるピッチャーもいる。

「大輔はきちんとバッターを見て、勝負できるピッチャーでした。マウンドで自滅する選手がたくさんいますが、そういうのを見て『なんでああなるんだろう』と思っているんじゃないですか。彼にとっては当たり前でも、普通のピッチャーにはなかなかできない。

極端な言い方をすれば、大輔はど真ん中に投げても打たれないピッチャーでした。それは心のコントロールがいいから。普通のピッチャーはコースを狙っても打たれるんですけどね。大事なのは、ピッチングのコツをつかんでいるかどうか。

どんな選手でも、大きな試合になれば硬くなるもの。『しまった！』と思った打球が正面に飛んだり、味方のファインプレーでアウトになったりすることがあります。それは持って生まれた運かもしれないけど、それだけでは解決できないこともあります。そういったものを含めて、大輔は何かを持っていたんだと思います」

選手を追い込まないから力が出る

早実の「負けない力」について荒木はこう言う。

「僕たちだってミスをします。『こんなプレーしてたら勝てないよ』と思うこともあった。でも、最後にはなぜか勝っちゃうんです。あれはちょっと言葉では説明できません。戦力だけを比べれば早実よりも上のチームがたくさんある。でも、プロに進むような選手がいるところにも勝ってしまう。相手が早実を特別視して、力んだり、気負ったりする。『こんなチームに負けるか』という思いが僕たちに有利に働くことがありました」

チームの強さは打率や防御率だけでは測れない。

「早実の選手に『弱いのになんで勝てるの？』と聞いても誰も怒らなかったでしょう。僕たちには強くないという自覚があり、そこはちゃんとわかっているので。『どうして勝てたの？』と聞かれても、僕たちには答えられない。でも、昔のチームメイトと話をすると、どれだけ厳しい展開になっても『負けるとは思わなかった』と言うんです。『それでもオレたちは甲子園でプレーするはずだ』と。そんな感覚を共有していましたね。

和田監督は選手を絶対に追い込まない監督で、チームの雰囲気がそうさせたんじゃないかと思います。いまの早実の和泉実監督も『追い込まない。追い込んだら、いざというときに力が出なくなるから』と言っていますね。おそらく、和田さんもそう考えていたんじゃないでしょうか」

東京の代表なら甲子園でも勝てる

1981年の秋季東京大会で準優勝した二松學舍は翌春のセンバツ出場を決めたが、市原には悔しさが残っていた。

「あの早実に土をつけたいとみんなが思っていたはずです。僕が投げて勝った試合のあと、その高校の野球部員に囲まれて『オレたちに勝って、荒木に負けんなよ』と言われました。

東京のチームの全員の気持ちだったでしょうね」

物騒な表現を使えば、荒木と早実は「賞金首」みたいなものだった。もし彼らに勝てば自分たちの名前が上がるからだ。しかし、それを仕留める者は東京にはいなかった。

市原を擁する二松學舍は甲子園に出ても気負いはなかった。東京という高いレベルで戦っているという自信があったからだ。

「甲子園に対する意識はあまりありませんでした。考えていたのは『早実より先に負けない』ということ。甲子園で早実も勝っていたし、伊東昭光さんのいた帝京も1980年春のセンバツで準優勝してましたから。『東京で勝ったんなら、上までいけるだろう』と甲子園を舐めていました。早実が東京のレベルを引き上げてくれたんじゃないですか。甲子園だからといって、すごい選手が集まっているというイメージはなかった」

エースの市原は初戦の長野（長野）戦で6安打完封勝利。鹿児島商工（鹿児島）、郡山（奈良）、中京（愛知、現中京大中京）など強豪を下して決勝に進んだ。PL学園（大阪）に2対15で大敗したものの、見事な準優勝だった。

満を持して甲子園に乗り込んだ3年の春

エースの荒木と松本達夫のバッテリー、二塁手のキャプテン・小沢を中心とした早実の守りは堅かった。トップバッターの小沢から池田秀喜、板倉賢司（元横浜大洋ホエールズ）、黒柳知至のクリーンナップへと続く打線も強力だった。特に公式戦打率が4割を超える板倉のバッティングに注目が集まった。

監督の和田は大会前にこんなコメントを残している。

「旧チームから3人抜けただけなので戦力的には見劣りしない。経験を積んだ者が多いだけに本番ではあがることはないと思う。しかし、経験というものは考え方によってはマイナスに作用することもある。甲子園が当たり前に思えて、やや慢心する傾向にある。それを一番恐れている」

荒木は夏の甲子園の敗戦についてこう語っていた。

「いままでひとりでムキになって打たれてしまった。でも、ようやく野球は9人でやるものだということがわかってきました。打者の心理を読み取り、組み立てがいかに大切かも体験から会得した」

　1982年春のセンバツ。5万7000人が集まった1回戦で、早実が対戦したのは西京商業（京都）だった。4回に3点をリードし主導権を握り、9回裏に1点を許したものの、3対1で逃げ切った。荒木は9回を完投し、被安打7、四球は1。いつも通りの落ち着いたピッチングでセンバツ初勝利を挙げた。

同級生だけど、荒木は別格

　2回戦で顔を合わせたのは岡山南（岡山）。エースは、のちに読売ジャイアンツの遊撃手として活躍する川相昌弘だ。荒木と同じ1964年生まれの川相が荒木の存在を知ったのは1980年夏の甲子園だった。

　川相が言う。

「荒木が早実に入る前にリトルリーグで世界一になったということは知りませんでした。1年生の夏の甲子園で投げる姿が印象的でしたね。僕たち岡山南は岡山大会で1回戦負けしましたから、遠い世界のことに思えました」

1年夏からベンチ入りしていた川相は翌年の夏、エースとして甲子園に出場している。2回目の甲子園で荒木と対戦できることに喜びを感じていた。

「彼のピッチングをテレビでは見ていました。僕たちの時代の甲子園のヒーローで、目標でもあるけれど、憧れの目で見ていましたね。2年の夏、甲子園でちらっとだけ見たような気がします。

実際にセンバツでの対戦が決まってからは、あの荒木大輔と戦うんだ、あの荒木ファンを全員敵に回すんだと思うと気合が入りました。ワクワクする気持ちもあったし、絶対に負けたくないとも思っていました」

テレビと新聞、雑誌くらいしか情報源がなかった時代、選手の間でも誰もが知っている選手はそう多くはなかった。そのなかで荒木は群を抜いて有名人だった。

「2年の夏の甲子園では、報徳学園の金村義明さんや名古屋電気の工藤公康さんが有名でしたが、荒木は別格でした。同級生ということもあって、意識しましたね」

岡山南時代は投手として活躍した川相昌弘

きっちり試合をつくられてしまう

1回戦で川相は五番ピッチャーで出場し、北海（南北海道）に3対2で競り勝った。

「甲子園で何回も勝てると思っていなかったので、どうせやるなら強いチームと、という気持ちがありました。そういう意味では、荒木のいる早実は格好の相手。戦力的には不利だったと思いますが」


実際に対戦した荒木は川相の想像通りのピッチャーだった。

「甲子園のストライクゾーンはアウトコースが広めじゃないですか。そこにどんどんキレのいいボールを投げ込んでくる。球種はストレートとカーブだけだったと思うんですが、カーブがよかった。すごいとは感じなかったけど、ストレートとカーブのコンビネーションとコントロールが抜群でしたね」


カーブを多投する荒木に対して岡山南打線が放ったヒットは4本だけ。わずか99球で試合は終わった。

「一番印象に残っているのは、アウトコースのボールの精度です。そのボールに狙いを絞ってはいたんですが、打ち崩すことはできませんでした。ポンポンとストライクを取られて、あっという間に追い込まれてしまって……完封負け。僕は3打数ノーヒットに抑えられました。審判も味方につけるしたたかさも感じました。まあ、簡単にやられてしまいました」

早実からすれば、初回に2点を取って、5回に中押しして逃げ切るといういつもの勝ちパターンだった。

「荒木は、手も足も出ないというピッチャーではありませんでした。圧倒されるほどのスピードも迫力もないんだけど、きっちり試合をつくられてしまう。そういう印象でした。ピッチャーとしてもそうだし、チームとしても勝ち方を知っているなと思いました。試合の流れを見ながら投げることができるピッチャーだった」

エースとして川相が悔やむのが初回の2失点だ。二番の岩田雅之にヒットを打たれ、四番・板倉のレフト前ヒットで1失点。続く黒柳にセンターに打ち返されて2点目を失った。一度早実に渡した流れは岡山南に戻ってくることはなかった。

「荒木同様に有名だった小沢をマークして、彼を絶対に出塁させないようにと考えました。

1回に板倉に打たれたのが痛かった。ランナーを一、二塁に置いてラン&ヒットみたいな形でやられたような気がする。

僕が得意なボールはシュートとスライダーだったので、そのふたつをうまく使えば抑えられると思ったんだけど……打たれたヒットは全部シングルだったと記憶しています」

川相の記憶通り、早実は10本の単打を集めて、3点を奪って逃げ切った。

「僕たちも前年の夏の甲子園には出ているんだけど、早実との対戦で浮き足立った部分があった。見えないミスがたくさんあって、チームとしての経験の差を感じました。僕たちは甲子園に出るだけでOK。ひとつ勝ったら『よくやった』と言われるチームだったから」

エースの川相は六番打者の荒木に2本のヒットを打たれている。第3打席にライト前、第4打席にセンター前に運ばれた。

「荒木に打たれたことが悔しかった。それが印象に残っています。彼自身、バッティングもよかったんだけどね。意識している選手にヒットを打たれたことが悔しくて……。1年生のときから甲子園に出ている同級生の荒木と小沢には打たれるわけにはいかなかった。なんとか抑えたかった」

憧れの存在だけど負けたくない

川相にとって荒木は、同級生でありながらも遠い存在だった。憧れに近い感情を持ってはいたが、負けたくはなかった。その思いは、お互いがプロ野球に進んでからも変わらなかった。

「僕たちみたいな岡山の人間でも、甲子園に出れば少しは騒がれる。荒木は比べものにならないくらいに注目されていたから、どれだけ大変だっただろうかと思いました」

プロ野球に進んでからもピッチャーを続けた荒木と違い、1982年ドラフト4位で読売ジャイアンツに入団した川相はすぐに野手に転向した。1989年に遊撃手のレギュラーポジションを獲得し、通算1199安打を打つほどの選手になった。日本記録の通算533犠打は、その後も誰にも破られていない。ちなみに、1964年生まれのプロ野球選手のなかで最後までユニフォームを着ていたのが川相だった。

「彼はスワローズで、僕はジャイアンツで何度対戦したかはわからないけど、かなり打ってるんじゃないかな？　高校のときに抑えられたということもあって、ほかのピッチャーと対戦するときよりも意識しました。同級生だし、やっぱり打ちたかった。高校時代には甲子園ではバッターとして抑えられ、ピッチャーとしても2本ヒットを打たれた。試合にも負けたわけだし。プロでやり返したいという思いはありました。そういうチャンスがあったことはうれしかったね」

プロ野球でも注目される存在だった荒木からヒットを打てば名前が売れる。力が入って当然だった。

「僕たち1964年生まれの野球選手で、世代を代表する存在は荒木大輔しかいない。我々を代表する甲子園のアイドルであり、スターだった。高校時代からいままでそういう目で見ています。

リトルリーグで世界一になって、甲子園で準優勝投手になった。岡山の人間からすれば、想像もできない世界にいる人でしたね」

目立たないと誰も注目してくれない

どれだけ騒がれても荒木は顔色ひとつ変えることがない。同級生でありながら、同い年とは思えなかった。

「日本一にはなっていなかったけど、僕たちの世代のなかではいつも頂点にいました。目立っても騒がれてもうれしそうなそぶりを見せず、むしろ、迷惑そうな感じもあって。僕たちは目立ってなんぼ。目立たないと誰も注目してくれなかったから、ピッチャーをやりながらも喜怒哀楽をガンガン出していました。本当は荒木みたいにならなきゃいけないんでしょうけど、そこは経験の違いかなあ。荒木と同じようにやれと言われてもできなかったと思う」

甲子園で言葉をかわすことのなかったふたりだが、ずいぶん年月が経ってからこの試合について話したことがある。テーマは川相が一塁ランナーの荒木に投げた牽制球について。

「あるとき、荒木が『おまえはバッターに投げるボールよりも牽制球のほうが速かったよな』と言う。よくそんなこと覚えてるなと思ったんですが、確かに僕は荒木にヒットを打たれたあと、ムキになって一塁に牽制球を投げました。たぶん荒木に打たれたことが悔しすぎて、そうしたんでしょう。別にランナーの動きを警戒する場面じゃなかったけど。それが印象に残っていたんでしょうね。荒木がそう言うんだから」

荒木はその試合についてこう振り返る。

「川相の印象は、ボールにキレがあって、まとまっているピッチャー。彼の牽制球は本当に速かった。ピッチャーとしては飛び抜けたものはなかったけど、野手にしたら使えるとプロ野球のスカウトはマークしていたと思う。体の強さとか使い方とか、器用さとかを見て。きっとそのあたりは注目されていたんじゃないかな」

プロ野球で好勝負を続けることになるふたりの対決は、甲子園では荒木の圧勝に終わった。

ただただ荒木大輔になりたかった

ベスト8進出を決めた早実の前に立ちはだかったのは、横浜商業（神奈川）だった。44年ぶりのセンバツ出場を決めた「Y校」には、荒井幸雄（元ヤクルトスワローズ）と高井直継という左打ちのふたりのスラッガーがいた。

マウンドを守るのは背番号11をつけた2年生エースの三浦将明（元中日ドラゴンズ）。もともと、横浜商業は打撃に定評のあるチームだったのだが、投手陣に不安を抱えていたところに三浦が頭角を現し、優勝候補にも挙げられるようになった。

1回戦で八幡大付（福岡）を2対1で破った横浜商業は、2回戦で彦野利勝（元中日ドラゴンズ）のいた愛知（愛知）を6対2で下してベスト8進出を決めた。

先発の三浦は7四死球を与えながらも、6安打2失点のピッチングで強敵を抑え込んだ。三浦は183センチと体格には恵まれていたものの、まだ体は細く67キロしかなかった。快速球を投げ込むタイプではなく、ストレートとカーブのコンビネーションでバッターを打ち取っていた。そう、荒木と似たピッチャーだった。

三浦将明は振り返る。

「僕はただただ荒木大輔さんみたいになりたいと思っていました。芸能人に憧れるようなものです。だから、甲子園で対戦できるとは思ってもみませんでした。

ピッチャーとすれば、荒木さんのようにアウトコース低めにボールを投げ込みたい。どうすればあんなにきれいに投げられるんだろうと思っていました。自分なりに荒木さんのピッチングフォームや配球を研究しました」

荒木が甲子園で準優勝投手になった1980年夏、三浦は中学3年生だった。あの衝撃のデビューを記憶にしっかりと刻み込んでいる。

「もちろん、人気の面で追いつきたいとは考えません。自分のピッチングが少しでもよくなればと思って」

三浦が分析したように、荒木のピッチングの肝はアウトコース低めに決まるストレートだった。それをどうやって打つのか。打撃陣は知恵を絞った。ピッチャーの三浦も古屋文雄監督の指示をはっきりと覚えている。

「監督にはアウトコースのボールを狙えと言われていました」

アウトをひとつずつ取ることだけ考える

早実の打線は横浜商業に比べれば破壊力に乏しい。だが、機動力を絡めたソツのない攻めで勝ち上がってきた。三浦はマークすべきバッターが多すぎて、対策を練ることができなかった。

「もちろん、小沢さんも四番の板倉も名前を知っていました。でも、マークしようと思ったら、一番から九番まで全員をしなくちゃいけない。だから、『もう考えるのはやめろ』

と言われました。『どうあがいても、おまえよりも相手のほうが格上なんだから何も考えるな』と。ここを攻めるとか、カーブを使うとかもナシ。キャッチャーのサイン通りにひたすら投げました。結果的にはそれがよかったのかもしれない」

三浦は5回に3連打で1点を失ったものの、早実打線に追加点を許さない。0対1の緊迫した投手戦を動かしたのは三浦のバットだった。7回表に八番打者の三浦のレフト前ヒットで同点。九番・塚元浩一のレフト前ヒットで逆転に成功した。

三浦には6回までの記憶がほとんどない。逆転したあと、キャッチャーの塚元に言われた言葉だけを覚えている。

「これから9つのアウトをひとつずつ取ることだけを考えろ」

先輩の言葉だけにしっかりと耳に入ってきた。

「1球で打ち取れることもあれば、フォアボールを出すこともある。バッターに粘られてヒットを打たれるかもしれない。でも、ひとつひとつアウトを増やそうと言われました。僕は『はい』と答えただけです」

いままで生きてきたなかで最高の感激

早実を相手にリードを奪っても、背番号11の2年生エースに欲はなかった。

一番の小沢から始まる早実の7回裏の攻撃を三者凡退で切ってとった。8回、9回も3人ずつで抑え、早実を押し切った。

「最後のバッターをツーストライクまで追い込んだとき、『あの荒木さんに勝てる』と思って、こみ上げてくるものがありました。『ウソだろう、ウソだろう』と。踊り出したいような気分でした」

最後の打者を三振で打ち取ったとき、三浦は右手を突き上げジャンプして喜びを表した。同点タイムリーを放ち、8安打完投勝利を挙げた三浦がこの日のヒーローだった。三浦はお立ち台でこう語った。

「いままで生きてきて最高の感激です。早実に勝ったことよりも荒木さんに投げ勝ったことがうれしい」

それまでずっとお手本にしていた荒木と実際に対戦して、彼のピッチングを三浦はどう見たのか。

「アウトコースにバンバン投げてからカーブがくるというのは、試合前に言われた通りでした。機械みたいに正確で、『これが荒木大輔か』と思いました。荒木さんは三振をたくさん取るピッチャーではありません。打たせて取るための教科書のようなピッチングでしたね。

150キロ近いボールを投げられるのなら、いろいろ考えなくても抑えられるかもしれませんが、140キロそこそこのピッチャーなら頭を使わないと。そういうことを教えてもらいました。アウトコースの低めに力のあるストレートを投げて、そこから曲がる変化球を混ぜる。このやり方をすれば球数を増やすことなく抑えられるし、楽にピッチングを組み立てることができるんです」

この試合で荒木は11安打を打たれた。四死球がひとつもなかったのに、球数は131球。荒木が甲子園で完投した試合のうち、最も多い投球数だった。

4回目の荒木の夏は、また日本一に届かないまま、敗北で終わった。

頂点に立つチャンスは最後の夏しかない。

第5章

破壊　すべてを失った最後の夏

甲子園に4回出場した荒木大輔は、13試合に投げて9勝4敗という成績を残した。日本一を決める最高峰の戦いであること、負けたら終わりのトーナメントであることを考えれば驚異的な勝率だ。

108イニングを投げて自責点はわずか16。防御率は1・33だった。夏の炎天下の試合や連戦があって、この数字だ。どれだけ優秀なピッチャーだったかがわかるだろう。四死球は25しか与えていない。1試合平均で約2個という計算になる。

早実は全国各地の強豪校から招待を受け練習試合を行った。1日に2試合組まれれば、1試合は控え投手の石井丈裕に登板の機会が与えられた。

「招待試合で呼ばれて僕が登板するとき、『早稲田実業のピッチャーは石井くん』とアナウンスされたら『えーっ』と観客みんなに言われました。あれはショックで、へこみましたけどね。大輔だけじゃなくて、小沢も人気がありましたけど、同期はみんな仲がよかったですよ」

5季連続の甲子園出場を目指して、チームは結束を固めていた。

「1年生の夏の甲子園のピッチングを見て、大輔にはとてもかなわないと思いました。でも、この先、大輔ひとりでは甲子園に行けないだろうから、自分が少しでも手助けできればという感じで。

高校時代、僕は成長期で、ケガばかり。ほとんど戦力になりませんでした。3年生になってようやく体ができあがってきて、少し投げられるようになりましたが。ストレートのスピードは大輔と同じくらいでしたが、まっすぐしか投げられなかった」

その石井が初めて公式戦で先発登板することになった。最後の夏の予選、東東京大会の4回戦、筑波大学付属との一戦だった。

「3年の夏の東東京大会で一度だけ先発しました。15対0で勝ちましたけど、プレッシャーはすごかった。大輔に投げさせないで済むように必死で投げました。もし僕のせいで負けたら大変なことだから」

早実はその後も順調に勝ち星を重ねた。準決勝で城西を6対1で下し、決勝では修徳に3対2で競り勝ち、5季連続の甲子園出場を決めた。

本大会が始まると、1回戦で宇治（京都）に12対0で圧勝した早実は、2回戦で星稜（石川）を10対1で破った。3回戦の東海大甲府（山梨）にも6対3で勝ち、準々決勝で池田

（徳島）と対戦することになった。
「やまびこ打線」と呼ばれた池田の強力打線と荒木との戦い。
東の横綱と西の横綱との事実上の決勝戦。
この準々決勝を周囲はそう言って注目した。

名将・蔦文也監督の秘蔵っ子

１９７４年春のセンバツで「さわやかイレブン」と呼ばれた池田の監督として準優勝、１９７９年夏の甲子園でも決勝戦で箕島に敗れた蔦文也《つたふみや》。のちに甲子園通算37勝を挙げる名将もまだ全国制覇を果たしていなかった。

初めての日本一を狙える逸材として期待したのが畠山準（元南海ホークス）だった。「一番速い球を投げるのがエース、一番遠くへ飛ばすのが四番」という方針を持っていた蔦は、「うまくいけば5回甲子園に行ける」と語ったほどその能力を買っていた。１９７９年夏に日本一を逃したこともあり、１９８０年入学の畠山への思いは強かった。

しかし、甲子園は遠かった。

池田のエースで、「やまびこ打線」の主軸も担った畠山準

畠山は言う。

「可能性のある5回のうち、2回か3回かは行けるだろうと僕たちも思っていました。だから、それまで勝てなかったことに対してプレッシャーを感じていました。入学前の甲子園準優勝のときの寄付金などをチームの強化費に使ってもらったのに勝てなかった。蔦先生には『もう金がなくなった』とまで言われましたから」

畠山が1年生の夏は徳島大会の決勝まで進みながら、鳴門に1点差で敗れた。満塁の場面でリリーフ登板した畠山が押し出しで与えた1点が決勝点になった。

「あの試合は一番悔いが残りました。甲子園に出ていたら背番号1をもらう予定だったと、あとになって蔦先生から聞きました。あそこで勝っていたら人生が変わっていたかもしれない。でも、実際には最後の夏まで甲子園に行けませんでしたから」

畠山はずっと、まだ見ぬ大物選手だった。その評判だけは全国にとどろいていた。だから、1982年夏の甲子園出場が決まったとき、池田が「西の横綱」と呼ばれたのだ。

「徳島大会の決勝で徳島商業に6対3で勝ったんですが、3対0から同点に追いつかれたときには『えらいことになる……』と思いました。ゲームセットの瞬間にあったのは『やっと勝てた』という安堵感でした。甲子園で勝とうなんて、全然思っていなかった。あのとき、甲子園の呪縛から解き放たれましたね。

甲子園ではノープレッシャーで『すぐに徳島に戻ってもいいや』と思っていたくらい。大輔はあれだけ騒がれながら全国優勝できていなかったから、相当なプレッシャーがあったでしょうけど、僕たちは全然違っていましたね。早実はかなりキツかったと思います」

蔦監督がびっくりするほど優しい

畠山には全国的な実績はなかったものの、「西の横綱」と騒がれて、荒木と並ぶ扱いを受けた。

「組み合わせ抽選会のときに無理やり大輔と並ばされて、取材を受けさせられました。こんなスーパースターと並べられても……。会った瞬間、かっこいい、男前やなと思いました。徳島の田舎もんからすれば、『テレビに出てる荒木大輔がいる』と驚くばかりで。早実はほかの高校とは別扱いで、甲子園で並ぶところも違う。大輔は本当にスーパースターだと思いました」

荒木と早実のまわりにはいつも人だかりができていた。だが、池田の選手たちは自由な空気に包まれていた。

「1回戦の静岡（静岡）に勝ったあと、次の試合まで1週間くらい空いたんです。その間に、阪神パークに行ったり、ポートピアに行ったりして自由に過ごしていました。練習は1日2時間くらいで終わり。蔦先生も、甲子園ではびっくりするくらいに優しくて、毎日、宿舎の向かいのすし屋で飲んでいました」

甲子園の呪縛を解かれた選手たちは爆発する機会を待っていた。

「ひとつ下の水野雄仁《かつひと》（元読売ジャイアンツ）の学年は、1日でも長く甲子園にいたい。そのほうが、練習が楽だからね。僕たち3年生は、かなり早い段階でお土産を買ってたんじゃないかな？　僕たちはもう、いつ徳島に帰ってもいい。むしろ、早く帰りたいくらい（笑）」

池田は1回戦の静岡に5対2で勝利した。2回戦では日大二（西東京）に4対3で競り勝ち、3回戦で都城（宮崎）を5対3で下して準々決勝進出を果たした。

「静岡も日大二も強かった。そのあとの都城も。どこも手強かったですね。僕は調子がよくなくて、けっこう打たれました。肩がかなり痛かったせいもあるけど」

池田の「やまびこ打線」は3試合連続でふた桁安打を放ってはいたが、畠山は本調子からはほど遠く、西の横綱はまだ本来の姿を見せてはいなかった。

「もし水野が投げていたらもっと楽に勝てたかもしれないけど、そういうわけにはいかないんで。準々決勝の早実戦の前には、ミーティングがありました。普段はやらないんですが、蔦先生も気合が入っていたんでしょう」

試合のビデオを分析し、重要だと思われる情報が選手にもたらされた。しかし、当時の映像はセンターのカメラから映したものだったため、バッターには参考にならなかった。

「センターのカメラからの映像で『こういう癖がある』と言われても、バッターボックスからは見えない。だから、試合では全然意味がなかった」

江上の一発が導火線になって爆発

ところが、1回から池田打線は荒木をとらえた。荒木が投じたひざ元に曲がるカーブを三番打者の江上光治がフルスイング――打球はライトスタンドへ。2回裏には池田が4本のヒットを集めて3点を追加。東西の横綱対決は、早くも5点差がついた。

早実打線は畠山の力のあるストレートを打ち返すことができず、5回までゼロ行進が続いた。

「大輔が驚いたのは、江上の打球でしょう。江上があのカーブを打ったことで計算が狂ったと思う。一番得意とするカーブが投げにくくなったんじゃないかな。普段めったに打たない江上のまさかのホームランで、こっちは『いける！』と盛り上がりましたね。大輔はもうかなりヘタっていたし、うちの打線は140キロくらいのストレートならカンカン打つから」

プロ野球のスカウトから超高校級の評価を受けていた畠山も、翌春のセンバツ優勝投手となる控え投手の水野雄仁も150キロ近いストレートを投げていた。そのふたりを相手に練習している池田の選手たちにとって、荒木のボールは打ちごろだった。

「逆に技巧派のピッチャーには弱かった。変化球で攻められたら、あんなには打てなかったはず」

5回までで池田打線は荒木から8本のヒットを放っていた。江上の活躍を受けて燃えていたのが同じ2年生の五番打者の水野だ。畠山が2点を奪われたあとの6回裏、センターバックスクリーンにホームランを放った。6回を終わった時点で7対2。池田の勝利は濃厚だった。

「水野は徳島大会でヒット2本ぐらいだったのに、この大事な試合でホームランを2本打ちましたから。甲子園ではみんながボコボコに打ちました。僕くらいですよ、ダメだったのは」

池田はこの試合までは苦戦が続いていた。1回戦は5対2、2回戦は4対3、3回戦の都城戦は、「恐怖の九番打者」山口博史の4安打2打点の活躍があったものの、5対3と際どい試合になった。「やまびこ打線」は爆発のときを待っていた。

「こういう言い方をしたら悪いけど、2回で5点差になった時点で絶対に勝てると思いました。うちはどんな試合でも5点も取られることはなかったから。もし僕が打たれても水野がいるんで、心配はなかったですね」

「甲子園の勝ち方」が通用しなかった池田戦

1年生の夏から甲子園に出て勝利を積み重ねながら、荒木は勝ち方を身につけてきた。しかし、最後の夏にそれが崩れた。いや、池田の打線に崩された。

荒木は言う。

「僕には、甲子園の戦いで培った勝ち方のセオリーがあって、それに基づいて勝利をつかんできました。ところが、池田との試合では、僕のやり方がまったく通用しなかった。そんなのは、池田戦だけです。

池田が2回戦で日大二に苦戦したのを見て、チーム内には『池田はたいしたことないんじゃないか』という声もありました。でも、池田の選手たちは体格がよくて、バットスイングが速い印象があったので、対戦したくないと思っていました。九番打者が2本もホームランを打つんですから。

それまでの試合では、外角にシュート回転のボールを投げれば、バッターが力んで外野フライになっていたのに、池田のバッターの打球は外野手を軽々と越えていきました。打ち取れるはずのボールが弾き返され、どんどん点差を広げられてしまいました」

6回が終わった時点で2対7。常に先制逃げ切りで勝利してきた早実の選手たちに5点を取り返す力はなかった。このあと「やまびこ打線」が爆発し、試合は「残酷ショー」の様相を呈していく。

荒木が打たれ、リリーフに立った石井も水野に満塁ホームランを食らった。8回裏は8安打の猛攻で7失点。終わってみれば2対14という大差がついていた。

荒木が言う。

「1回裏に三番打者の江上にホームランを打たれた瞬間、キャッチャーは『もう勝てない』と思ったらしい。その試合の映像を見ると、打たれたのは甘いボールです。あとで江上にその打席について聞いたら『イメージ通りの軌道でボールがきて、自然にバットが出た』と言っていました。おそらく、彼にとってはベストショットだったんでしょう。

いままで甲子園で勝ってきた投球がまったく通用しなくて、僕は打たれるたびにパニックに近い状態になっていました。高校時代のすべてを池田打線に破壊されたんです」

当然のことながら、甲子園ではコールド負けはなく、何点取られようとも9回まで戦わなければならない。

「僕には快速球があるわけでなく、140キロくらいのボールで打ちとってきました。その投球術が通用しなければ、抑えられるはずがありません。『もうコールド負けにしてほしい』と本気で思っていました。勝てないことがはっきりしていたから、早く試合を終わらせてほしかった」

荒木は8回に再びマウンドに上がったが、「やまびこ打線」を抑える力はどこにも残っていなかった。

「試合終了の瞬間の感想は『やっと終わった……』でした。仲間たちは『最後にまた荒木をマウンドに立たせたい』と思ってくれていたようです。監督にはまたチャンスをもらいました」

池田のバットの破壊力がすごかった

背番号10をつけて7回からマウンドに上がった石井は「池田打線を抑えられる気がしなかった」と言う。

「僕が甲子園で投げたのは1回戦の宇治戦（京都）と最後の池田戦だけ。池田戦では、大輔が打たれて僕がマウンドに上がり、7回は抑えたんですが、8回に捕まって……完全にまた池田打線に火をつけました。そもそも、大輔があれだけ打たれたあとに投げるのは嫌でした。彼がストレートとカーブを使っても打たれたのに、ストレートだけで抑えられるはずがないからね」

5人のバッターに投げて、被安打3、四球1、三振1、自責点4という散々な内容だった。

「対戦したのは5人だけですか……。水野に満塁ホームランを打たれて降板したことを覚えています。この前、当時の映像をDVDにしてもらったんですが、あのボールだったら打たれるなと思った。ストレートだけでは抑えられません。池田のバットの破壊力はすごかった。もう飛び方が違ったもん。

甲子園のマウンドに上がったときには、大きな舞台で投げたこともなかったし、経験を積んでなかったから、ドキドキしてたんですよ。甲子園で負けたあと、残りの試合はまったく見ませんでした。もう、しばらくは野球をしたくなかった。野球を見るのも嫌だった。そのくらい、ショックだった。8回、またマウンドに上がった大輔にボールを手渡したかどうか、どうやってベンチに戻ったか、全然覚えていません」

これまで経験したことのない大敗に石井もショックを受けていた。

「2対14という大差で負けたことがね……。できることならもう少し長くマウンドにいたかった。そのあとにプロ野球でやらせてもらったのにこう言うのはどうかと思うけど、甲子園が華ですから。エースとしてあのマウンドに上がりたかったという思いはありました。でも、それがあったから、僕は大学や社会人、プロで頑張れたのかもしれない。大輔に対しても、甲子園で打たれたことに対しても、悔しかったから」

甲子園のマウンドで受けた屈辱をバネに、石井がソウルオリンピックで銀メダリストになるのはこの6年後のことだ。

荒木が1年生の夏に準優勝投手になったときのキャッチャーだった佐藤孝治はこの夏、早稲田大学野球部に所属していた。秋季リーグ戦の直前だったこともあって、池田との試合は見ていない。

佐藤が言う。

「その試合は見ていません。テレビのニュースで結果を知ったのかな。荒木が水野にバックスクリーンに放り込まれて、石井も満塁ホームランを打たれたと。結果を聞いて『普通ならコールドじゃないか』と思いました。2年前の甲子園で大輔は、強打のチームと言われた北陽や興南を抑えましたが、今回は普通の攻め方をして、それで逃げ場を失ったのかなと想像しました。きっと、バッターと呼吸まで合っちゃって、止まらなくなったんでしょうね」

「大輔ギャル」に蹴飛ばされ……

池田の「やまびこ打線」が早実戦で放ったヒットは20本（荒木から17本）。甲子園に詰めかけた「大輔ギャル」の悲鳴で、球場内は騒然となった。

その〝加害者〟とも言える畠山は言う。

「もちろん、大輔もそうですけど、早実の人気はすごかった。その試合で僕が小沢にデッドボールを当てたんです。『うちの選手やったらそんなに痛がらんわ』と思ってたんですが、観客席から『人殺し～』という声が飛んできました。試合に勝ったあと、わざわざ女子が近づいてきて、ひどいことを言う。

もう、日本中の女性ファンを敵に回したような気分になりました。実際に、不幸の手紙とか、カミソリ入りの手紙が届いたしね。向こうが正義の味方で、僕たちはその敵役だからしょうがない（笑）」

あのころの「大ちゃんフィーバー」の熱狂はすさまじかった。

「大輔のファンは本当にすごくて、大会後の日本選抜チームで一緒になったとき、彼らの大変さを思い知らされました。練習をしているところに女の子が近づいてきてボーンと体当たりされ、蹴飛ばされました。大輔は事前に危険を察知してダッシュでいなくなっているんですけどね。僕は何が起こったかわからない……。大輔といるだけで女子に囲まれて大変な騒ぎになりました。斎藤佑樹（現北海道日本ハムファイターズ）も人気がありましたが、あんなもんじゃなかった」

負けたら怒られるし練習がキツくなる

この大会を最後の日本一のチャンスととらえた早実と、甲子園の呪縛から解き放たれて自由に動き回る池田の差が出た試合だった。

「大輔たちは、周囲から期待を押し付けられてキツかったと思う。僕たちは本当にノープレッシャーで、5回目で初めて出た甲子園で試合をするのが楽しくて仕方なかった。怖いものは何もないから。早実との試合は結果的に大差になったけど、力の差はあまりなかったと思います。僕たちは運がよかっただけ。

もちろん、大輔には相当な疲労があったでしょう。夏までに招待試合もたくさんあったみたいだし。僕たちは1回も甲子園に出てないから、そういうこともあまりなかった。ただ、どんな相手と練習試合をするときでも僕が投げないといけなかったんですが」

複数のエース級を揃える現在の高校野球と違って、当時はチームにエースはひとりだけだった。

「蔦先生がそういう方針だったので。ひどいときには1日に2試合、18イニングを投げました。箕島に練習試合に行ったとき、帰りのフェリーの時間が近づいてきたから時間短縮のために蔦先生から『次も投げろ』と言われました。尾藤公監督には『元気がいいな』と言われましたよ（笑）」

池田にも理不尽な上下関係はなかった。ただし、蔦監督が何より恐ろしい存在だった。

「日本選抜の監督が蔦先生だったんですが、なぜか大輔には優しい。だから大輔は『本当に怖い人なの？』と言ってました。僕たちも平日の練習時間は3、4時間くらいで、強豪と言われるところに比べると短かった。でも、負けることに対しては厳しかった。公式戦はもちろん、練習試合でも負けることは許されない。だから選手は大変でした。

試合で負けたときにはグラウンドに戻ってからシゴかれます。泡吹いて倒れた先輩がいましたね。負けたときにはえらく怒られるし、練習が厳しくなるけど、勝てば問題ない」

5回も甲子園に出る男は僕たちとは違う

四番打者の畠山にとって、荒木はどんなピッチャーだったのか。

「対戦したときには、もうかなり疲れていましたからね。僕は全部打ち損じているんです。石井からはレフト前に1本打ったけど、荒木とは5打数ノーヒット。『次は何を投げてくるんだろう』と駆け引きを楽しんだ覚えがあります。

僕はほかの試合ではあまりしたことがないんだけど、チェンジのとき、直接ボールを大輔に渡すようにしていました。なぜかはわからないけど、あの試合だけは。やっぱり、大輔に対してリスペクトの気持ちがあったからでしょうね。それまでずっと仰ぎ見てきたスーパースターだから。5回も甲子園に出る男は、僕たちとは違うんですよ」

これまでずっと甲子園の主役だった荒木を叩きつぶした池田は、この試合で勢いづいた。

「蔦先生が急に『優勝するぞ』と言い始めて、プレッシャーがかかりました。『あちゃー、本気になったぞ』と思いました」

準決勝の相手は東洋大姫路（兵庫）だった。1回裏に2点を奪われたものの、2回表に3本の単打を集めてすぐに追いついた。2対2で迎えた6回表に木下公司のツーランホームランが飛び出し、4対2と逆転。8回裏に1失点したが、最後は畠山が連続三振で勝利を得た。

池田は12安打を放ちながら、4点しか奪えなかった。

「東洋大姫路のピッチャーが横手投げの技巧派だったので、やばいと思っていました。コントロールがよくて変化球をうまく使うタイプは打てない。だから、決勝で広島商業（広島）と対戦するのが嫌だった」

準決勝で中京を1対0で下した広島商業のエース・池本和彦はサイドスロー。優勝候補を完封した好投手だった。しかし、畠山の心配は杞憂に終わった。

「初回に6点を取って、はっきり言って勝ったと思いました。顔には出せませんでしたけど。ところが、蔦先生は甲子園の決勝で2回負けていることがプレッシャーになっていたようです。選手は落ち着いているのに、先生だけが舞い上がっていて……『6対0じゃなくて、0対0のつもりでやれ』と言い出しました」

蔦監督は勝利の瞬間も怒っていた

早実戦と同様、畠山には5点以上は取られない自信があった。だが、3回裏に1点を失うと、蔦から厳しい言葉が飛んだ。

「僕たちは、もう勝ったと思っていたのに、蔦先生が『初回の6点はないものと思え。0対1で負けてるぞ。取り返せ』と言う。ピンチになったら、ベンチの前で先生ひとりが怒っていました」

5回表に池田が1点を追加。6回表に畠山のホームランなどでさらに5点を入れて試合を決定的なものにした。畠山は投げては4安打完投、打っては2安打2打点の活躍だった。

「投げるほうは甲子園でずっと悪かったし、バッティングもなかなか調子が出なかった。毎試合1本ずつヒットは打っていたのに、あまりにもみんなが打つもんだからすっかりかすんでいました。県大会も決勝でホームランを打ったんですが、甲子園でも一発打ってほっとしました。ピッチングよりも、決勝ホームランがうれしかった」

畠山は最後のバッターを三振で切ってとった。蔦にとって、初めての日本一だった。しかし、名将に笑顔はなかった。

ゲームセットの瞬間、センター方向を振り返った畠山にショートの山口が駆け寄る。背後からはキャッチャーの山下和男がマスクを着けたままで飛びついてきた。

「蔦先生はベンチの前で『整列せい。早よ、並ばんか』と怒っていました。山口とは試合前に後ろを向くことを約束してたんですが、投げた瞬間に走ってきてたみたい。すぐそこにいたんで驚きました」

決勝日前日、選手たちはひそかに構想を練っていた。優勝したら蔦をどうやって胴上げするかについて話し合ったのだ。

「でも、試合が終わったらそんな暇がなくて、新聞記者がドバーッと入ってきて囲まれて、選手たちはばらばらに勝手なことをしてるし。結局、インタビューがあったり、閉会式があったりして、甲子園では蔦先生の胴上げはできなかった。宿舎に戻ってからしたのかな？天井にぶつかりそうだったことを覚えています。優勝を一番喜んだのは蔦先生です。先生が喜んでくれればそれでよかった」

豪快な野球を貫き初めての日本一に

決勝戦を前にして、畠山は蔦の部屋に呼ばれていた。

「正座させられて、プレッシャーをかけられました。『おまえはたぶん日本選抜に選ばれる。優勝したらうちのメンバーが何人か入れるかもしれんから、優勝せなあかんぞ』と。蔦先生は早実に勝って、優勝を意識したと思う。準決勝の東洋大姫路は因縁のある兵庫県の高校だったし、決勝の広島商業は細かい野球が得意なところ。僕たち選手とは違って、いろいろな不安があったんでしょうね。

うちは広島商業とは正反対の野球。バントとか機動力を使うことはできなくて、ただ打つだけですから。大ざっぱな野球でした」

よく言えば豪快、悪い言葉を使えば大ざっぱな野球を貫き通した池田が頂点に立った。

5回目の出場で日本一を狙った荒木を破壊した池田が大きな勝利をつかんだ。

「決勝戦は18安打ですか。1回戦から決勝まで、どの試合も10安打以上打ちました。『恐怖の九番打者』と騒がれた山口はもともとクリーンアップを打つバッターでした。本当にどこからでも得点できる打線でしたね」

池田の「やまびこ打線」はこの大会で数多くの新記録（当時）を残した。

1大会チーム本塁打＝7本。

1大会最多安打＝85本。

7者連続安打。

1大会チーム通算最多塁打＝121。

技から力へ。池田の全国制覇をきっかけに高校野球は大きく変わっていく。

夏の甲子園が終わったあと、高校日本選抜が結成され、韓国と3試合戦った。チームの監督は蔦、優勝した池田から9人が選ばれた。畠山は荒木と初めてチームメイトになった。

畠山が言う。

「僕は第1試合に先発して、あとは外野を守りました。誰が言ったのかな、『大輔があんなに楽しそうな顔してるのを初めて見た』と。いつも早実で注目されていたけど、そういうプレッシャーはなかったですから。池田の選手たちはみんなおのぼりさんだから、大輔に近づいては『何かくれ』ってやってました。

あのときの池田と早実のメンバーはずっと仲が良くて、いまでも年に1回、集まって食事会をしていますよ」

荒木の最後の甲子園は終わった。甲子園に出られる5回すべてに出場し、毎回日本一を期待されながらも頂点には立てなかった。1年生の夏の準優勝が最高の成績だった。

甲子園で17試合に登板し、12勝5敗、防御率1・72。旧制中学時代を除けば、甲子園で5敗を喫した投手は荒木しかいない。

甲子園に5回も出る運を持っていた

荒木と同じ時代を生きた野球人は荒木の5季連続の甲子園出場をどう思っているのだろうか。

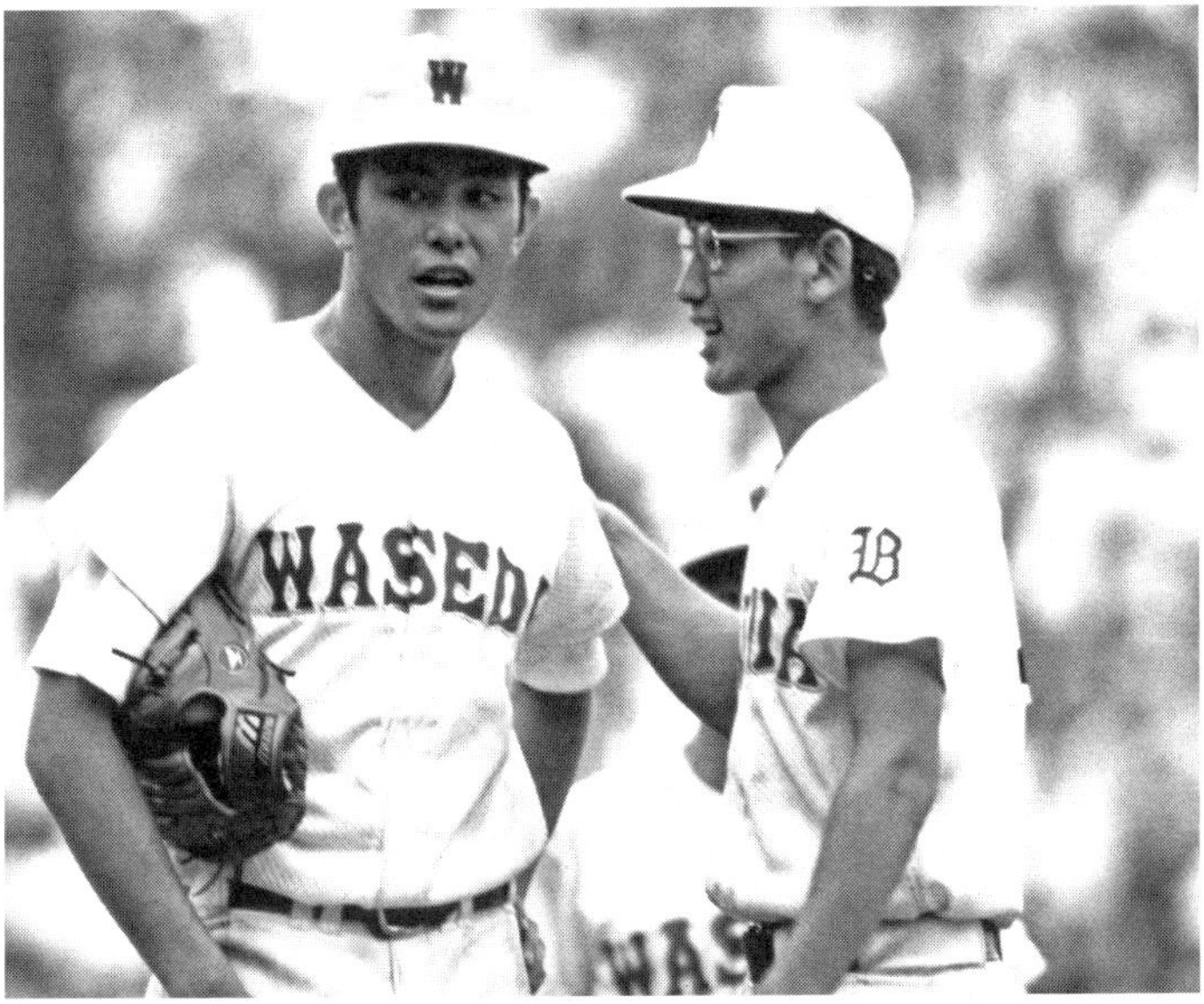

最後の甲子園で荒木は池田に打ち込まれた

1980年夏の甲子園決勝で戦った愛甲猛は言う。

「5回も甲子園に出られるなんて、本当にすごい。ありえないですよ。大輔以外にもいいメンバーがいたという証拠だし、和田明監督の存在もあった。甲子園に5回も出る運を持っていた大輔は本当にすごいと思う。

大輔が池田に負けて、その池田が翌年、桑田真澄、清原和博のPL学園に敗れた。あのあたりになると、高校野球は『力の野球』になっていきましたよね。相手をねじ伏せる戦い方をするところが多くなった」

1年生エースを好リードでもり立てた早実のキャッチャー・佐藤はこう言う。

「高校野球はトーナメントなので、甲子園まで勝ち上がるのは本当に大変。いくら実力があっても難しい。大輔が5回連続で出たことは本当にすごいと思う。一方で、『1年生の夏に準優勝したなら、1回くらい全国優勝するだろう』という声もあったから、本人は悔しい思いがあったでしょうね」

控え投手として荒木を支えた石井は、もうひとりの主役を称える。

「大輔にとって、小沢の存在は大きかったでしょうね。小沢も1年のときから試合に出て、ふたりともスーパースター的な存在になっていた。大輔が小沢を認め、小沢も大輔を認めていました。お互いに言いたいことを言える関係だったんじゃないかなと思います。和田監督は高校生の僕たちを大人扱いしてくれました。だから、選手たちは自分たちで考えて、動くことができたんでしょう。監督の考えを押し付けられることはありませんでした。ひとりひとりが自分の仕事をすることに徹していました。レギュラーもそうじゃない人間も。厳しい練習をしなくても甲子園に5回出られた理由はそれじゃないでしょうか」

荒木の中学時代の同級生で、日大三時代に甲子園出場がかなわなかった宮下昌己はうらやましさを隠さない。

「大輔は、結局5回とも甲子園に出ましたが、そのころの東京の高校が弱かったわけじゃない。まぐれでも何でもない。実力です。確かに早実にはいい選手が揃っていましたけど、8割、9割は大輔の力じゃないですか。

オレは3年間で一度も甲子園に出場することはできませんでした。大輔は5回全部、出ましたからね。『5回もあるんだから、1回くらい分けてくれればいいじゃないか』と本気で思いましたよ。『欲しがるなあ』と。高校野球は強いチームが勝てるとは限らない。

予選に勝って5回も甲子園に出るなんて、本当に夢物語ですよ」

1980年夏から2年も続いた荒木大輔の物語は、次のステージに移ることになる。プロ野球か、東京六大学か。

さまざまな人の思惑に翻弄されながら、荒木は自分で自分の道を歩き出す。

第6章

憧れ　荒木大輔になれなかった男

現在の高校野球で１４０キロを超える速球を投げるピッチャーは珍しくない。プロ野球選手に負けないほど多彩な球種を操る姿も甲子園でよく見られる。スライダーもカットボールもチェンジアップもフォークも投げる。

しかし、１９８０年代の高校野球でピッチャーが投げていたのはストレートとカーブ（あるいはスライダー）くらいだった。１４０キロを超えるストレートを投げれば剛腕と言われた時代、金属バットの性能が飛躍的に向上したこともあって、バッターを抑えるのにどのピッチャーも苦労していた。

そのときにお手本とされたのが荒木大輔のピッチングだ。ストレートは１３０キロ後半。球種はストレートとカーブだけ。抜群のコントロールでバッターを追い込み、１００球前後で試合を終わらせる投球術を持っていた。

クールなマウンドさばきと相まって、球児たちは荒木のピッチングに魅了され、模倣することになった。

横浜商業の背番号11の2年生エース・三浦将明もそのひとりだ。１９８２年春のセンバツ準々決勝で対戦することが決まったとき、興奮と同時に恐怖心を抱いた。

三浦は言う。

「もちろん、荒木さんに勝てたらすごいだろうな、勝てたらいいなと思いました。一方で、『もし勝ったら怖いな』とも思いました。荒木さんに勝てば、ファンの人たちを全員敵に回すことになるだろうと思って」

早実戦の前にはユニフォームを着ていないベンチ外の先輩にプレッシャーをかけられた。

「もし明日負けたら、どうなるかわかってんだろうな？」

三浦は覚悟を決めた。試合の結果次第で、先輩か「大輔ギャル」のどちらかを敵に回すなら、勝つしかない。そう思ったのだ。

早実戦の勝利の裏にはそんなエピソードがあった。

カッターの替え刃が入った手紙が届いた

大会後、三浦の元にファンレターが大量に届くようになった。三浦もまたアイドル的なルックスの持ち主だったから当然だろう。

「10通、20通あるなかにカッターの替え刃が入っているのがあって『これで死ね』と書いてありました。女子に人気のある荒木さんに勝ったら怖いなと思ったことが現実になりました。僕は1学年上の荒木さんが女子に大騒ぎされるのを見て、『いいなあ、オレも女の子に騒がれたいな』と思っていただけなのに。自分がそんなふうに恨まれることになるとは……」

荒木をお手本に投球術を磨いた三浦の野球人生はこの準々決勝で大きく開けた。

「僕にとっては人生を変えた試合でした。早実に勝ったんじゃないんです。荒木大輔がいる早実に勝った試合ですから。僕にとっては憧れでしたが、名前を口にするだけで『バカじゃないか』と言われるくらい雲の上の存在でした」

その試合の記事には荒木のコメントが載っている。

「背番号11は懐かしい背番号です。三浦くんの背番号を見ていると、あのころを思い出します」

三浦には、いまだに本当にこれが荒木のコメントだとは信じられない。

「荒木さんが僕の名前を言ってくれるなんて……。記者が勝手に書いたんじゃないかと思います」

骨折の痛みをこらえて準決勝進出

三浦が急激に力をつけたのは、1年生の秋季大会のことだった。翌春のセンバツへの出場がかかった大会で頭角を現したのだ。

「横浜商業では伝統的に控えのピッチャーが10番、11番をつけます。背番号11の僕は3番手だったということです。神奈川県大会からずっと投げていて、準決勝では6対5で法政二に勝ったんですが、5点も取られました。決勝の日大戦は7失点でした」

ところが、センバツ出場権のかかった関東大会で三浦は大変身を遂げた。鉾田一（茨城）戦は降雨コールドゲームになり、再試合で三浦が2安打完封勝利を挙げた。準決勝の東海大浦安（千葉）にも勝利し、甲子園出場を確実にした。「背番号こそ11ですが、うちの立派なエース」と古屋文雄監督はその実力を認めていたが、甲子園でも背番号は11のままだった。

準々決勝で早実を下したことで、日本一が見えてきた。

「自信とかそういうものはありませんでした。目の前の試合を一生懸命にやるだけで。監督やキャッチャーの指示に従って僕は投げただけ。あとでわかるんですが、この大会の間に僕の肋骨が折れていたんです。原因がわからないまま『肩がおかしい、痛いなあ』と思っていました。1回戦からずっとでしたね。父親に痛みについて話すと『おまえ、痛いぐらいで投げないのか』と言われてしまいました」

準決勝でPL学園（大阪）にサヨナラ負けを喫したが、そこが痛みのピークだった。三浦は肋骨を疲労骨折していたのだ。

当時は肩やひじの痛みを押して投げるのがエースだと思われていた。痛み止めの注射を打ち、マウンドに上がっていた。

「折れていたのが肋骨で、痛む箇所が日によって違っていたので、骨折だとは思わず、それでも投げ続けていました」

痛みをこらえて投げるうちにピッチングフォームが変わっていた。大会後のある日、自分の写真を見せられ、サイドスローになっていて驚いた。

「自分でも腕が上がらないなと思ってはいたんですが、そんなになっていたとは……。骨折の箇所がレントゲンに映りにくいところだったので、判明するまでに時間がかかりました。いろいろな角度で撮ってやっと、肋骨に亀裂が入っていることがわかりました」

折れた肋骨を治すためには安静にするしか方法はない。すぐに投球禁止令が出た。ボールを1カ月も握らなかったら、腕の筋肉が削げ落ちていた。

2年生の夏の神奈川大会にはなんとか間に合わせたものの、途中からマウンドに上がった決勝戦は敗れた。

夏が終わると故障の癒えた三浦の活躍によって、横浜商業は秋季大会を勝ち抜き、2年連続となる春のセンバツ出場権を勝ち取った。

「秋季大会もまだ万全ではなかったですね。7月から投げ始めて、まだ2、3カ月くらいしか経っていなかったですから。横浜商業は神奈川で3位だったんですが、関東大会の開催県だったので僕たちも出ることができました。準優勝して甲子園の切符をつかみました」

このセンバツでは、前年夏の甲子園で日本一になった池田の夏春連覇がかかっていた。

どうやって勝つかしか考えていない

横浜商業は1回戦で広島商業（広島）に7対2で勝つと、2回戦の星稜（石川）には1

対0で競り勝った。準々決勝で駒大岩見沢（北海道）に2対0で勝利し、ベスト4進出を決めた。

準決勝で東海大一（静岡、現東海大静岡翔洋）も4対0で下した。三浦は初戦に2失点したものの、3試合連続完封勝利。決勝で池田（徳島）と優勝を争うことになった。

「勝つことが当たり前になっているので、甲子園の感想を聞かれてもあまり出てこない。本当に一戦一戦を必死で戦っているので。まわりからは『勝って当たり前』と言われるし、僕たちもそう思っていました。どうやって勝つかしか考えていない。いま考えればものすごい重圧だったんでしょうが、それさえも感じなかった。仕事みたいなものでした。ゲームセットの瞬間に、『勝ててよかった』と思うだけ」

対する池田はエースで四番の水野雄仁を中心に投手力も、打撃力も前年よりもパワーアップしていた。

1回戦は帝京（東京）に11対0、2回戦は岐阜第一（岐阜）に10対1、3回戦は大社（島根）に8対0で大勝。3試合で水野が打たれたヒットはわずか13本だった。池田の「やまびこ打線」はふた桁安打を続けていた。

準決勝の明徳（高知、現明徳義塾）とは2対1の接戦になったが、まったく危なげない戦いで決勝まで駒を進めた。

「池田の打撃力はそれまで見たことのないものでした。プレイボールのサイレンが鳴って初球を投げたらライト前ヒット。サイレンが鳴り終わったころにはもうランナーがいました。僕はマウンドで何が起こっているのかわからない。結局、12本もヒットを打たれて0対3で負けました」

横浜商業が水野から放ったヒットはわずか2本。10三振で完封負けを喫した。前年の夏の甲子園で荒木を破壊した池田は悠々と夏春連覇を成し遂げたのだ。

「うちの古屋監督は『蔦監督には会いたくない』と言っていました。横浜商業も全国レベルのチームだったはずですが、その時点では10回戦っても10回とも負けると思いました」

荒木のような精神力や集中力はなかった

打倒池田に燃える三浦は新球のフォークボールをマスターして、神奈川大会を勝ち抜き、夏の甲子園に戻ってきた。

1回戦の鹿児島実業（鹿児島）を延長戦で下した横浜商業はその後も順調に勝ち上がり、決勝戦で池田にリベンジを果たそうとしていた。ところが、準決勝で水野がPL学園の桑田真澄にホームランを打たれ、0対7で敗れてしまう。

「PLの桑田も清原和博も1年生だったので、眼中になかった。アナウンサーに『清原くんの印象は？』と聞かれたので『マークしてます』と答えはしましたけど。まさか彼らが勝ち上がってくるとは思ってもみませんでした。そのくらい、池田は強かった」

しかし、三浦は決勝戦で清原に甲子園初ホームランを打たれ、0対3で敗れた。最後の夏も準優勝に終わった。

「いつも僕は勝つことだけを考えて試合に臨みましたが、勝つ、負けるは試合が終わってからわかること。ただ、一生懸命に投げることを心がけました。だから、あまり内容については覚えていません。

荒木さんの場合は内容も問われたので、大変だったでしょうね。僕があの立場で同じように投げられたかというと、あのプレッシャーのなかではきっと難しかった。僕には荒木さんのような精神力や集中力はありませんでした。同じことをやれと言われても、絶対に無理です」

三浦は2年の春のセンバツでベスト4、3年春、夏ともに準優勝という成績を残して甲子園を去った。

甲子園で15試合に登板して、12勝3敗。荒木と同じ勝利数だったが、最後まで荒木大輔にはなれなかった。

荒木に憧れ続けた三浦にとって、荒木はどんな存在なのか。

「甲子園に出ること、甲子園で勝つことを使命とされたピッチャーでしたね。ほかにそんな人はいましたか。本人だけじゃなくて、みんなが勝つことを望んでいたピッチャーです」

今度は自分が甲子園のアイドルに

高校2年のセンバツで荒木に勝ち、荒木がいなくなった甲子園でアイドル的な人気を獲得したのが三浦だった。当時の記事によれば、ファンレターは7万通を超えたという。この年、春から夏にかけて、もっとも女子学生の視線を集めた球児だった。

三浦が当時を振り返る。

「ひっきりなしにかかってくるので、家の電話番号は50回くらい変えましたよ。普通の生活はしにくかったですね。当時、団地の13階に住んでいたんですが、エレベーターの踊り場に女の子たちが200人くらいいて……自分の家に帰れない」

三浦にひと目会いたいという女子が鈴なりになっていた。

「それを見た僕は、またエレベーターに戻るんですけど、女の子たちが乗り込んできて、降りたときには制服のボタンがなくなっているという状態で。毎日がそんな感じだったから、友達の家で時間を潰して、夜中に帰るようにしていました」

その時間に帰宅しても10人くらいの女の子が帰りを待っていた。

「うちの親父がその子たちにおにぎりを食べさせたりするんですよ。本当に困ったもので……『そんなことしたら、また来るぞ』と文句を言ったら。『バカヤロー、ファンの子を大事にしろ。ありがたく思え』と怒られました。当時、僕は若かったので迷惑だと感じていましたが、その言葉の意味がずっとあとになってわかりました。あのころは確かに、おごっていた部分がありましたね」

通学の電車のなかでも大騒ぎになる。毎朝、三浦のまわりが混乱するために、登校時間をずらすようになった。

「僕が何時ごろの電車に乗るというのを調べるみたいで、待ち伏せしている女の子たちがたくさんいて、みんなが使う電車には乗れなかったんです。電車から降りたら、校章がない、ボタンがない、カラーがない……となっちゃうので。『いつか刺されるんじゃないか』と本気で心配したこともあります。だから僕だけ、時差通学でしたね」

まだおおらかな時代、高校も理解があった。

「学校に入れば、キャーキャー言われることはありません。むしろ、『三浦、いまごろ来やがって』という感じで見られました。いまの職場によく『昔ファンでした』という女性が訪ねてきてくれます。親父の言う通りでした。広島や滋賀、京都、浜松などからも。本当にありがたいですね」

もし憧れの人に会っても話せない

三浦は1983年のドラフト3位で中日ドラゴンズに入団した。1990年に引退するまで一軍で16試合に登板したが、未勝利で終わった。

現在はスポーツ用品店「スポーツデポ小牧店」でベースボールアドバイザーとして勤務している。休日には愛知木曽川リトルシニアで選手の指導も行う。

対戦してから30年以上が経ったが、荒木大輔への思いは消えていない。

「僕は、荒木さんと1回も話したことがありません。あのセンバツの試合で対戦しただけです。荒木さんがスワローズにいたとき、僕も登板したんですが、接点はありませんでした。ほとんど敗戦処理だったし、早くにクビになったので」

もし荒木に会うことがあったら、何を話すだろうか。

「いやー、緊張して話せないでしょうね。憧れであり、目標だった選手に『こんにちは』も言えないかもしれない。もし話しかけてもらっても、『はい』か『いいえ』くらいしか返せないかも……特別な思いがありすぎて、普通に話をすることなんか、絶対に無理です」

中学時代に見た甲子園での荒木の姿がいまでも三浦のなかにはある。

「もし会って話ができるのならつながりを持ちたい、仲良くなりたいという気持ちはもちろんあります。でも、どう考えても無理だなあ、話なんかできない。僕たちの世代のピッチャーなら誰もが荒木さんに憧れたんじゃないですか。その思いはいつまで経っても消えませんね。みんなが『荒木大輔になりたかった』『荒木大輔みたいに女の子にモテたかった』と思います」

年齢が50代になっても、その距離は少しも縮まることはない。

「どんな顔で会えばいいいんだろう……会っても話せないなあ。荒木さんに対する思いは特別ですからね」

第7章
決断　ドラフト1位でスワローズへ

1980年夏から2年間「甲子園のアイドル」として注目され続けた荒木大輔にとって、運命の日がすぐそこまで迫っていた。

甲子園での実績とその人気を高く評価するプロ野球の球団がふたつあった。ひとつは神宮球場を本拠地とするヤクルトスワローズ。もうひとつが創成期から日本プロ野球界をリードしてきた「球界の盟主」読売ジャイアンツだ。

ドラフト会議が近づくにつれ、報道は過熱していった。しかし、当の荒木にはプロ野球に進むつもりはなかった。

荒木は言う。

「最後の夏、甲子園で池田にすべてを破壊されたこともあって、自分がプロ野球で通用するという自信は持てませんでした。大学に進むこと、早稲田大学野球部に入ることしか考えていませんでした」

いまから40年近く昔のドラフト会議の前には、さまざまな怪情報が飛び交っていた。水面下で常識をはるかに超える金額の提示が行われることもあった。プロ野球で売り物になる選手を獲得するためなら手段も方法も選ばない、「何でもあり」だった。

「本人の意思とはまったく別のところで、新聞や雑誌で勝手なことを書かれていました。でも、僕には1パーセントもプロに行く気はなかった」

ドラフト1位指名の裏側

荒木がプロ入りを真剣に考えるようになったのは、ドラフト会議のあとだった。

1982年11月25日。東京・飯田橋のホテルで開かれたドラフト会議（新人選手選択会議）で荒木を指名したのが、スワローズとジャイアンツの2球団。抽選の末にスワローズが荒木との交渉権を獲得した。外れたジャイアンツは市立川口（埼玉）の斎藤雅樹を1位指名している。

スワローズが荒木を1位指名したのは、球団オーナーの松園尚巳《ひさみ》の指令があったからだと言われている。

当時の記事から荒木指名の経緯が透けて見える。

週刊ベースボール（1982年12月13日号）の記事を引用しよう。

《ヤクルトスカウト陣にとってそれは青天の霹靂と言えるものだった。ドラフト会議を一週間後に控えた11月17日、東京・東新橋にあるヤクルト本社7階の球団事務所に武上監督、相馬球団代表、塚本スカウト代表、片岡・巽スカウト、田口総務部長が顔を揃えての第4回スカウト会議真っ最中に会議室の電話が鳴った。電話の相手は松園オーナーで相馬代表が16階にある社長室へ呼び出された。戻って来た相馬代表は開口一番「1位指名は荒木（早実）でいく」と松園オーナーの指令を伝えた。その瞬間、武上監督の表情が一変した。チーム再建には投手力の充実が急務で度重ねたスカウト会議で既に野口投手（立教大）の1位指名入札と外れた場合は岡本投手（松下電器）とする即戦力の指名が決まっていて、荒木の名前は早い段階で指名リストから除外されていたからだ。

確かに荒木人気は捨てがたいが本人は大学進学を口にしていてプロ入りの可能性は薄いと見られていた。ところが松園オーナーは独自のルートでプロ入りの手応えを掴み荒木指名の指令を出したのだ。荒木家に影響力を持つ後見人のA氏と接触して実は荒木家は家業の工務店の実情は苦しく、何より早大に進んでも4年後には二束三文の投手になっているかもとの不安を荒木自身が持ち進路を決めかねている事実を掴んだ。さらには早大進学自体が確約できる状況ではないことがわかった。これにスター選手不在で人気対策に苦慮していた松園オーナーが飛びついた。実力的には「完成され過ぎて伸びシロはない（在京球団スカウト）」とわかっているが、あの人気をみすみす逃す手はないとスカウト陣の意見を無視した強権発動だった。

しかしスカウト陣や武上監督らの声に押されて松園オーナーは「外れ1位」での指名まで譲歩する事になる。ところが荒木の周辺を再調査してみると巨人と西武に荒木指名の動きがある事が分かった。特に巨人はセンバツ大会の頃まで「1億円を出しても惜しくない」と他球団以上の評価をしていた。「外れ1位では獲れない、1位指名入札あるのみ」としてドラフト会議3日前の第5回スカウト会議で松園オーナーの指令通り「荒木1位指名」が正式に決まった。スカウト会議に出席していた武上監督は会議室から出るやいなや「ウチは荒木だ！」と不機嫌そのものに声を荒げた。ヤクルトが荒木指名を明言すると西武は撤退したが巨人はまだ決めかねていた。》

この記事では、球団側の荒木への評価がそう高くないことがわかる。

「完成され過ぎて伸びシロはない」というコメントもあるし、人気優先の指名に対して現場の憤りも伝わってくる。

24時間が全部野球という生活になる

当の荒木も、自分がプロ野球でプレーするイメージを抱くことができなかった。

「自分では、プロ野球でやれるほどの選手じゃないと思っていました。甲子園で対戦した畠山準とか、練習試合をしたことのある斎藤雅樹のようにパワーのある人間じゃないと無理だろうと。甲子園で実績があるとはいえ、高校生相手にあれだけ打たれましたから」

ところが、本人の意思とは関係のないところで指名が行われ、球団オーナーが直々に自宅を訪れる異例の交渉となった。

「入団の決め手になったのは、2回もオーナーに自宅まで来ていただき、『ヤクルトに来てほしい』と言われたこと。親が身動きできないくらいに緊張していたのを覚えています。オーナーには『責任を持って育てる』と言っていただきました。

プロ野球に行くことを決めたあとも、なかなかイメージが湧きませんでした。どれほどのボールを投げるのか、バッターがどれだけすごいのか、まったくわからない」

現在は申請すれば、プロ野球選手が母校の野球部で練習することができるが、当時はプロとアマチュアには大きな壁があった。

「漠然と思ったのは、あの畠山よりもすごい選手が集まっているんだろうなということと、あの池田の選手たちより打つということくらい。じゃあ、プロで活躍するためにどうすればいいのかと考えても、何もわからなかった。でも、プロ野球に飛び込むからには、しっかりと目標を立てようと思いました。まずは3年で一軍のマウンドに立つこと。そのためにどうすればいいのかを考えました」

高校時代に積み重ねた実績は、最後の池田戦で崩れてしまった。一度なくなってしまったものは新しくつくるしかない。

「プロ野球選手は、すべてが野球だけの生活です。これまでは授業のあとの部活動として野球をしていただけでしたから、考え方も変えなければならない。24時間が全部野球という生活になるわけですから」

母親の説得を買って出た早実の先輩

荒木がスワローズ入りするにあたって、陰でサポートした人物がいる。早稲田実業の先輩である大矢明彦だった。年齢こそ17歳も離れているが、早実の和田明監督の教え子である。キャッチャーというポジションを考えれば教育係、後見人としてこれほどふさわしい選手はいなかった。

その大矢がドラフト会議前後を振り返る。

「正直、はじめは早稲田大学に行くとオレは思っていたよ。早実の和田監督と話してみると、どうやら父親と兄貴はプロに行かせたいらしいんだけど、お母さんだけは賛成しないという。当時はいまとシステムが違って、早実から早稲田大学に行くのが簡単じゃなかった。でも、どうやら早大入りが決まっているという話だった」

早実の先輩とすれば、早稲田大学進学を反対する理由はない。

「だけど、まだ発表しちゃいけないタイミングで、荒木の早大進学がバッとニュースになっちゃった。勇み足があって、いろいろあったみたいなんだよね。そのあたりから、ヤクルトが1位で指名するという流れになった。うまくすれば単独指名ができそうだと。いまだから話せることだけど、ドラフト当日の朝に和田さんから連絡があって『ジャイアンツの1位があるかもしれない』と言う。それを聞いて、それならジャイアンツでいいんじゃないかと思ったよ」

昭和のプロ野球ではジャイアンツの影響力は強かった。シーズン中の試合はすべてテレビ中継され、待遇も知名度もほかの球団とは圧倒的な差があったからだ。

「ドラフト会議のテレビ中継を見ていたら、ヤクルトがくじを引き当てたんで、オレもちょっと関わるようになったんだよ」

荒木本人の希望はあくまで大学進学だった。

「オレはお母さんに納得してもらって入団してほしかったから、何回か会ったよ。『ピッチャーだったら、大学を経由するのと高校を卒業してすぐにプロに入るのでは全然違いますよ』と話した。お母さんはとにかく大学を出させたかったみたい。最後には納得してもらって入団することになったんだよ」

一方で、すでに早稲田大学野球部に所属していた佐藤孝治は、荒木はプロ野球に行くものだと思っていた。

佐藤は言う。

「僕は大輔が早稲田大学に入ってくるとは考えていなかった。東京六大学で活躍することもすばらしいんだけど、あれほどの選手だから、大輔はプロ野球のスターになるべき人間じゃないかと勝手に思っていた。もし早稲田大学の野球部に入ってきたらどうしようとは考えていなかった。芳賀誠がいたから、また一緒になったらどうなるかな？　と一瞬だけ考えたかな。でも、現実的ではなかったと思います」

和田監督から受けた注意事項

オーナー直々に入団交渉を行った大物ルーキーの教育係に大矢が指名されるのは自然な流れだった。

大矢は言う。

「オーナーから『どうしても荒木をヤクルトでスターにしたいから、できることはやってくれ』と言われました。早実の後輩だし、和田さんとの関係もあるし、お母さんを説得した責任もあるから」

1978年にキャッチャーとしてスワローズをリーグ優勝、日本一に導いた大矢はそのころ、チームではベテランになっていた。

「和田さんからは『荒木の腰だけは気をつけてやってくれ』と言われていたね。それと右ひじ。高校時代にかなり投げているから。そういう意味では、ほかのピッチャーと比べたら、投げ込みは多くできなかった。あれだけのネームバリューのあるピッチャーだから、つぶさないようにしなきゃいけない。チーム全体が気をつかっていたかな。プロ野球の場合、スター候補は大事に育てないといけないから」

プロ野球は、ユニフォームを着ている限り全員が平等、という世界ではない。ドラフト1位はドラフト1位として扱われる。オーナーの肝煎《きもい》りならばなおさらだ。だが、高校時代と同じでは通用するはずがない。大事にしながらも育てる、その折り合いが難しかった。

競争の厳しいプロ野球で生き抜いてきた大矢は荒木をどう評価していたのか。

「プロの体になるまでに2年はかかると思った。ほかのピッチャーと同じトレーニングができるようになるまでにまず1年。痛めたことのある腰やひじを強化して、何も気にせずに投げられるようになるまでにもう1年。一軍で戦力になるのは、早くて3年目からだろうと考えていた。長くプロ野球で活躍するためにはそれくらいは必要だったね」

荒木の入団が決まってから、両親や和田監督を交えて食事をする機会があった。

「プロに入ったらこうしたらいいよと話したよ。和田さんには『あんまり脅かすなよ』と言われたけど（笑）。入団が決まったんだから、『いいよ、いいよ』だけじゃねえ。オレは親御さんに『責任を持って面倒見ます』と言っちゃってるわけだから」

プロ野球は実力の世界だ。数字を残せば残すほど稼ぐことができる。プロならばそれを目指さなければならない。

「とにかく、プロは成績次第だぞと言ったね。ピッチャーならばどれだけ長いイニングを投げられるか。勝ち星も大事だけど、それ以外の価値基準もある。スワローズは強くなかったし、投手層が薄かったら、そういう意味では荒木にとってすごくいいチームだった」

中学の同級生がドラフト6位に

荒木の中学時代の同級生だった宮下昌己は強豪の日大三で少しずつ力をつけ、荒木がスワローズとジャイアンツから指名を受けた1982年ドラフト会議で中日ドラゴンズから6位指名された。

宮下は言う。

「オレもいずれは大輔と肩を並べたいという気持ちはありました。どうすれば近づけるかと考えたときに、ストレートのスピードをつけるしかないと思いました。彼のコントロール、投球術、マウンドさばきには、どう頑張ってもかなわない。そのあたりは、センスと言うしかありません。

力勝負では負けないぞという思いがあって、それを追い求めていきました。高校3年の春にはそこそこ体ができてきて、遠投は120メートル～130メートルくらい、平均でも140キロくらいのストレートが投げられるようになりました。次第にコントロールもついてきて。高校を卒業してからも野球を続けられればいいと考えはじめた。変化球はまだまだで、1試合で投げても10球くらい。それでもストレートだけで抑えられるようになりました」

荒木はドラフト1位、宮下は6位。だが、少なくとも建前上はプロに入れば指名順は関係ない。

「大輔のことはずっとスターだと思っていたし、この先もエリート街道を進む男で、別格だと感じていました。でも、同じドラフトで指名されて、プロ野球選手になって、やっと同じステージに立てたと思いました。プロに入ればゼロからのスタート。高校時代の実績は関係ありませんから。

プロ野球選手として大輔と投げ合ったとき、調布の同級生たちは盛り上がったみたいです。やっぱり感慨深いものがありました。『絶対に先にはマウンドから降りないぞ』と思ったものです。ナゴヤ球場で先発した試合はすごくうれしかった。結果はどうなったんだろう？　ドラゴンズが勝ったような気がする。よく覚えていないなあ。オレのほうが長くマウンドにいたような気はするけど、違うかな？」

早実の控え投手は法政大学へ

荒木の控え投手だった石井丈裕は、ドラフト会議のころには進路が決まっていなかった。

石井は言う。

「本当は早稲田大学に行きたかったんですよ。ただ、その当時は早実から上がるのが難しくて、6割くらいの人間しか受からなかった。テストの結果、僕は早稲田大学に行けないことがわかって、そこから受験勉強を始めました」

石井は一般受験で法政大学に合格したが、東京六大学の名門野球部には簡単には入れなかった。

「僕の場合は野球推薦じゃなかったので、はじめは野球部に入れてくれなかった。たまたま僕の母親の知り合いが法政大学で働いていたから、監督に働きかけてもらいました。あるスポーツ新聞の記事でドラフト候補として僕がCランクになったこともあって、『4年間ずっとバッティングピッチャーでいいのなら』ということで入部を許可してもらいました」

法政大学野球部に所属しているのは甲子園で活躍した選手ばかり。石井にも出場経験があるとはいえ、実績には乏しい。

「1年生のときは毎日バッティングピッチャーをしました。2年生になったときにオープン戦では投げたけど、ベンチ入りはできなかった。3年生の秋に初めて公式戦でチャンスをもらって、先発するようになったのは4年生の春のリーグ戦からですね。当時は独立リーグもなかったんで、法政大学の野球部に入れなかったら、野球を続けることはできなかった。だから、いろいろな方に感謝しています。

1982年のドラフト会議のときは、進路が決まってなかったから自分のことで精一杯。大輔のことは、別世界の出来事のように感じていました。彼がプロ野球に進んでからは活躍を楽しみにしていました。ジュニアオールスターゲームに出たのはうれしかったね」

大学通算8勝を挙げ、社会人野球のプリンスホテルに進んだ石井がオリンピックの日本代表に選ばれたのは1988年のことだ。10年後の日本シリーズで顔を合わせることになるとは石井も荒木も想像していなかった。

キャンプ初日に寝坊して遅刻

スワローズ入団1年目の1983年の春季キャンプはアメリカのユマで行われた。荒木は先輩の大矢と同室になった。プロで生きるためのイロハを学ぶためだった。大矢は荒木の教育係でもあり、後見人でもあった。

早稲田実業時代は荒木の控え投手だった石井丈裕

荒木は言う。

「当時は一軍と二軍の合同キャンプだったんですが、球団の配慮もあって、大矢さんと同じ部屋になりました。初日に、寝坊して遅刻したことを覚えています。本当ならば後輩が先輩を起こす必要があったんだけど、ふたりともが寝坊してしまって……。どうしようと思って血の気が引いた。

ベテランの大矢さんに対して、チームの人たちもあれこれ言えないんだけど、申し訳なくて。そんなことがあっても、大矢さんは怒らなかった。次の日から大矢さんに『ちょっと早めにグラウンドに出てランニングやろう』と言われて準備するようになりました。ユマの誰もいないグラウンドをふたりで走ったことを思い出します」

プロ野球であっても上下関係は厳しかった。だが、大矢は言葉ではなく行動で荒木に手本を示したのだ。

「当時のことはあまり覚えていないんだけど、記者との対応やチームメイトとの接し方について、いろいろ教えてもらいましたよ。インタビューのときには、ほかの選手のことも考えて話すようにと」

大矢にはプロ野球で10年以上戦ってきた経験があった。勝つことの難しさも、コミュニケーションの大切さも知り尽くしていた。

「日本一もオールスターゲームも全部知ってる方ですから。17年も上の先輩だけど、そういった怖さを感じなかったのは、大矢さんがそういう人ではなかったから。でも、厳しい方でした」

鳴り物入りで入団したドラフト1位であっても、特別扱いはない。キャンプではほかの新人と一緒に雑用もこなした。

大矢は言う。

「ユマでは、プレーヤーズルームという選手の共有スペースがあった。そこで新人が当番制で先輩のためにラーメンをつくったり、用事をしたりする。年齢の近い先輩にいろいろ教わりながら、チームの雰囲気に慣れていったんじゃないかな。

本当は体を強くしなきゃいけないんだけど、オレがキャンプ中に気にしていたのはケガをしないことだったね。オレが先回りしていろいろ言うようにしてたから、荒木から質問されることはあまりなかった。ピッチャー陣の先輩にくっつけて、自然に会話できるようにしていたね」

日本から遠く離れたアメリカでも荒木の人気はすさまじかった。

「毎日毎日、チョコレートが届くのには驚いた。ダンボールに入ったチョコがプレーヤーズルームに置いてあった」

大矢の見立てでは最低でも2年は体づくりに費やすべきところだったが、荒木の人気がありすぎて、そんな悠長な育成プランは採用されなかった。すぐに松園オーナーから現場に、「まだか？」という声がかかった。

荒木の一軍初先発は1983年5月19日。神宮球場に4万7000人の観客が集まった。荒木は「甲子園で投げていたときなんか問題にならない。緊張した」と試合後に語ったが、5回まで投げて阪神タイガース打線を3安打無失点に抑えた。1点リードでリリーフに立った尾花高夫が残りの4イニングを抑え、初勝利を挙げた。

この試合でマスクをかぶったのは大矢だった。

「松園オーナーがあまりにも『早く投げさせろ』というもんだから、あの日、先発することになった。リリーフした尾花はものすごく緊張していたね。荒木の勝ち星を消すわけにはいかないから。

プロ初先発は緊張するのが当たり前だけど、荒木には投球の技術があったから、安心して見ていることができた。マウンドに上がればさばくことができる。緊張してボールが手につかないなんてことは全然なかったね。そのあたりはすごかった。

新人のときから、己を知っているピッチャーだった。わきまえたピッチングができる。140キロのストレートしか投げられないピッチャーが目一杯に投げても160キロ出るわけじゃない。目指してもしょうがないことは目指さない」

荒木は自分のいま持っている武器だけで、等身大で勝負できるピッチャーだった。

「それができるかできないかで、ピッチャーの価値は変わるよね。確かに、荒木にはそれがあった」

プロ野球の猛者《もさ》と戦うにあたって、恐怖心はあっただろう。それでも荒木は虚勢を張ることなく、必要以上に自分を大きく見せることもしなかった。

「練習のときに大事なことと、試合中ではまた違う。そこもよくわかっていた」

プロ3年目に6勝、5年目に10勝をマーク

プロ1年目の1983年は15試合に登板して1勝0敗、防御率5・97で終わった。1984年は22試合に登板し、0勝5敗、防御率7・18だった。荒木が頭角を現したのは翌年のことだ。

荒木は言う。

「最初の1、2年目は、『どうなるかな?』と自分でも不安でした。3年目の1985年は当時の土橋正幸監督に『二軍で鍛え直してこい。死に物狂いで練習して、夏場以降に上がってこい』と言われました。それまでも練習はしっかりしていたつもりだったけど、このとき生まれ変わったつもりで鍛えたことがその後の自信になりました」

1985年はシーズン途中から先発ローテーションに入り、19試合に登板（16先発）し、6勝をマークした（防御率は4・31）。

1986年は32試合に登板（22先発）して8勝。開幕投手をつとめ、オールスターゲーム出場も果たした。1987年には31試合登板（25先発）で10勝をマークしている（防御

率は4・57)。

プロ5年目でようやくふたケタ勝利を挙げるピッチャーになれたのだが、ここまで成長するまでにいろいろな雑音が聞こえてきた。荒木を「客寄せパンダ」のように扱う人たちもいた。

「嫌でも、いろいろな声が聞こえてきます。でも、そのあたりは気になりませんでした。そういう環境にすぐに慣れたし、かなり割り切れる性格なので、それがよかったのだと思います。東京の球団だったので、ファンの方も放っておいてくれた。地域性の強い土地のチームだったらもっと厳しいことを言われたでしょうね」

結果で評価されるのがプロの世界。雑音を消すためには数字を残すしかない。

6回を3点以内に抑えられるピッチャー

荒木のプロデビューを見届けた大矢は、1985年限りでユニフォームを脱いだ。セ・リーグを代表する名捕手は入団当初の荒木のピッチングをこう見ていた。

「荒木の防御率が悪いのは、ある程度、仕方がない。でも、長いシーズンを考えれば、6

回を3点くらいで抑えてくれるという計算が立つピッチャーだった。一軍でローテーションにも入って勝ち星も挙げた。縁があってヤクルトに入ってきてくれて、これだけ投げられるようになって、荒木のお母さんにやっと顔を合わせることができると思った。お母さんに『僕がプロにいる間はバックアップしますから』と言ってたから、プロのピッチャーとして一人前にやっていけるようになってホッとしたところだったね」

30年近く前の日本プロ球界では、「試合をつくる」という概念も「クオリティスタート」という言葉もなかった。現在ほど投手陣の分業制も進んではいなかった。

「いまなら6回を3点以内で抑えればOKと言われるけどね。中継ぎ投手が重視されていなかったから、抑えのエースが登板するギリギリのところまで交代させなかった」

先発投手が130球以上、いや、150球を投げることもよくあった。

「昔はどこもそのやり方だったね。いまの野球のやり方が本当にいいのかどうかはわからない。先発投手に責任感がなくなっている気がする。エースなら完投が当たり前だったから。いまはローテーションピッチャーでも年間で25試合くらいしか先発しないし、200イニングを投げることもない」

いまのプロ野球の基準に照らせば、荒木の評価はもっと上がるはずだ。

「投手層の薄いチームだったことがよかったのかもしれないね。荒木の特性も理解してもらっていたし。バッターをねじ伏せるタイプじゃないから、打ち込まれることもあったけど、長い目で考えれば戦力になる。チームに必要とされるピッチャーだった。プロ野球は1試合打たれたら終わりじゃないから。

少なくともオレがチームにいるときは、故障の心配はなかった。もし悪いところがあったとしたら、隠しちゃいけない。大ごとになっちゃうからね。早めに言ってくれたほうがいい」

投げてピッチングを覚えろ！

1987年は前年に続いて開幕投手をつとめた。荒木は一段一段と、一流選手への階段を上がっているように見えた。ところが、古傷とも言える右ひじに違和感を覚えるようになった。

荒木が明かす。

「右ひじが痛かったのは高校時代からです。1年生の夏の大会が終わってから秋にかけて、疲労性の痛みがありました。でも、投げられる状態だったので、間隔を空けて投げるようにしていました。おそらく、この程度の痛みは、ほとんどのピッチャーが感じていたと思う。間隔さえ空ければ、まったく問題はありません。

プロに入ってからも同じような状態が続きました。いまと違って、投手の球数制限などなく、二軍の試合でも100球以上投げることは当たり前、中3日での登板も珍しくなかった。早い回にKOされたら『明日も投げろ』と言われることもあったし、『とにかく投げろ』と言われた時期がありました。『投げてピッチングを覚えろ』と。僕のひじも、そういうことに耐えられる状態でした」

チームの看板を背負うピッチャーが勝利のために酷使されるのは珍しくはなかった。壊れないのがいいピッチャーだという評価もあった。

大矢もこう語っている。

「昔のピッチャーは確かに丈夫だったかもしれない。でも、痛いときは絶対にあったはず。それでも投げ続けた。もちろん、体が頑丈だったからだと思うけど。

いまでは信じられないよね。先発ローテーションピッチャーがブルペンでピッチングするくらいなら、『1イニングでいいから試合で投げろ』と言われてたんだから。普通だったら、長持ちはしないよね」

プロ6年目、荒木の右ひじが悲鳴を上げた。

第8章

復活　右ひじ手術からの日本一

1988年、ヤクルトスワローズはシーズン当初から首位の広島東洋カープに大きく引き離されていた。5月に最下位に沈み、7月以降は5位が定位置になった。開幕から先発ローテーションを任されていた荒木は3勝3敗、防御率4・37とまずまずのピッチングを続けていた。ところが、右ひじに異変を感じた。

「登板した翌日に肩やひじを休め、その次の日にキャッチボールをするのですが、ひじを痛めたあとはそれができなかった。ローテーションを1回飛ばしてもらってもまだ投げられない。僕には、腱が切れたとか痛めたという感覚はありません。なかなか張りがとれないために診察を受けても、『疲労性だから』と言われてしまう」

その状態が長く続いた。

どう考えてもおかしい。

荒木は思い切って、アメリカに渡った。整形外科医でロサンゼルス・ドジャースの医療コンサルタントでもあったフランク・ジョーブ博士の診断を受けるためだ。

「1カ月も2カ月も経っても元に戻らないのでアメリカのフランク・ジョーブ博士のところに行きました。すると『もう腱がないよ。でも、手術すれば治るから』と言われて、すぐに手術することに決めました」

8月、荒木はアメリカでトミー・ジョン手術（ひじの側副靱帯《そくふくじんたい》再建手術）を受けることになった。日本のプロ野球でひじの再建手術に成功した選手はふたりしかいなかった。

荒木に迷いはなかったのか。

「僕は『手術します』と即答しました。同行したトレーナーには『じっくり考えろ』と言われましたが、『いくら考えても同じです。投げられないなら野球をやめるしかありません。やめるか手術するかのどちらかなら、手術を選びます』と。村田兆治さん（元ロッテオリオンズ）の成功例もあったので、復帰できると思いました」

当時は「ピッチャーが体にメスを入れるなんてとんでもない」と言われた時代だ。

「でも、僕には迷う意味がわからなかった。治すためにはその方法しかないなら、手術するしかありません。違うドクターに診てもらって別の選択肢が出るのならじっくり考えたでしょうが。

日本のスポーツ医療はまだまだでしたから、世界一の名医と言われたジョーブ博士にお願いしようと思いました。手術をすること自体に不安もなかったし、ナーバスになることもありませんでした」

手術やリハビリの費用の高さは日本とは比べものにならなかった。

「アメリカでは保険が適用されませんから。球団には本当に感謝しています。合計3度も手術を受け、そのたびにリハビリのために1カ月くらいアメリカに滞在しました」

「荒木、引退か？」の記事に発奮

当時は、まだリハビリの方法も確立されていなかった。誰もが手探りで復活への道を歩むことになる。

「いまのように、故障者にコンディショニングコーチがつくことはなかったので、全部自分でやりました。1キロの重さのダンベルを使って10回、それを3セットとか。重さも回数も物足りなくて、不安のあまり、どうしても回数を増やしてしまって。ジョーブさんには『痛かったらやめなさい』とは言われましたが……」

リハビリは早急に結果を求めてはいけない。ときには、休むことも大切なトレーニングになる。

「ジョーブさんには、『痛くなったらそこでやめろ』と注意されていましたが、痛みが出ないので続けていると、腫れが出てきてしまい……そのときにはもう手遅れで。ジョーブさんは顔を真っ赤にして怒りましたね。それで、『とんでもないことをしてしまった』と気づきました。2回目の手術をしたあとは、専属のトレーナーをつけてもらいました」

荒木は右ひじを2回、腰を1回手術した。一軍で投げられるようになるまでに4年以上の歳月がかかった。

「途中で椎間板ヘルニアの手術をしたこともあって、思った以上に時間がかかりました。リハビリをしているとき、『荒木、引退か？』という記事が出ることがありました。でも、二軍で元気にプレーしている選手よりどう見ても僕のほうが野球はうまい。なのに、そんなふうに書かれて『なんでオレがやめなきゃいけないんだ』と思いました。

リハビリを続けるうちに、そんな気持ちの強さが出てきましたね。高校時代になかったものが芽生えてきました。リハビリが続くことへのストレスもあったでしょう。マスコミへの反発心もありました。二軍戦で復帰登板したときには、村田さんにも来ていただきました。そのときは、ピッチャーとしてマウンドに上がれることがうれしかったですね。二軍の試合ではありましたが、『ここが自分のいる場所だ』と思った。最高の舞台でした」

手術すると決めたら腹をくくるしかない

荒木が右ひじの手術を決断したとき、大矢明彦はスワローズのユニフォームを脱いで、プロ野球解説者になっていた。

後見人の立場からすれば、どうしても心配が先に立つ。

「手術すると聞いて、大丈夫かなと思ったよ。成功例はあると聞いたけど『失敗したケースは表に出てこないしなあ』と野球関係者で話したもの。当時はまだ、ひじの手術がポピュラーじゃなくて、本当に元通りになるのか、どのくらい時間がかかるのかがわからなかったから。『よく決断したな』という思いと『1回手術するとまずいんじゃないのか』という心配の両方があったね」

そのうえで、荒木の決断力には大矢も舌を巻く。

「実際には手術以外に復活する方法はなかったということなんだけど、それでも時間をかけていろいろ考えたくなるものだよ、普通なら。なかなか決断できずに1年くらい経ってから『やっぱり手術します』という選手もいる。それだと時間のムダだからね。手術すると決めたら、腹をくってやるしかない」

最近はピッチャーに投球制限を課すことも多いし、プロ野球でも過度な投げ込みは減ってきている。ピッチャーの肩やひじは消耗品だと考える人が増えてきた。

「肩もひじも、ピッチャーが特に酷使する箇所だから、どれだけケアしても、壊れるときには壊れてしまう。

荒木の場合、積極的に手術をしたというよりも、しないと投げられないということだったから、実際は決断するしかなかったということなんだろうね。多少時間がかかったとしても、ちゃんとしたコンディションで、スワローズのユニフォームを着てまた一軍のマウンドに上がってほしい。オレからすれば、それしかなかった」

荒木はマウンドに上がるまで4年、1541日の月日を費やした。

「よくスワローズが我慢してくれたよな。普通の球団だったら、そういうわけにはいかない。それほどブランクがあって復活した例はなかったからね」

トミー・ジョン手術を受けたあと、引退するまでに59勝を挙げた村田は復帰までに2年の月日が必要だった。荒木はその倍以上、リハビリに時間がかかった。

「まあ、どれだけ功績のある選手でも、2年ぐらいが限度だよ。それが普通。スワローズは荒木に対して愛情もあったし、商品価値も感じていたんだろうけど、一番は面倒見がよかったから。これには本当に感謝しなくちゃいけないね」

荒木が一軍マウンドで勝ち星を挙げたのが1992年10月3日。1611日ぶりの白星だった。

試合の翌日の新聞記事から神宮球場の興奮が伝わってくる。日刊スポーツ（1992年10月4日）の記事を見てみよう。

《「荒木、待ってたぞぉ！」。神宮の杜《もり》にダイスケ・コールが響き渡った。1611日、4年ぶりの白星。4連敗ヤクルトのV生き残りへ望みをつないだ1勝だ。感激のお立ち台に目も潤む。7回2安打ピッチングに池山、古田の援護弾－静かな闘志がナインに火をつけた。さあ、ヤクルトV へ最後の戦いだ。

ムードを変えられる男がいる。球場全体が一人を中心に動き始めた。荒木だ。試合前、「ヤクルトの先発は荒木」。たったこの一言の場内アナウンスが、流れを変える。球場全体をウォーンというどよめきが包む。4連敗で沈んでいたチームの空気は、もう吹き飛んだ。2時間58分後、球場には荒木コールが巻き起こった。1988年(昭63)5月6日以来、1611日ぶりの白星、荒木がお立ち台にいた。初回から一球ごとに歓声が渦巻く。荒木は「さすがに初回、2回と緊張で力み過ぎていた。久しぶりの先発ですから」という。

1日、広島でこの日の先発がコーチから告げられていた。2度にわたる右ヒジ手術に、ツイ間板ヘルニア。今季からイースタン戦で投球再開も、球数と投球回数が相手だった。だがこの日は違う。白星との戦いだ。チームの勝敗表、逆転優勝への数字を頭にたたき込んで球場入りした。

「阪神との直接対決を前に、絶対負けられない試合ということは分かってる。チームの4連敗のドン底の時で……。大事な時に投げさせてもらって感謝してた」。だが、気持ちだけで通用するほどプロは甘くない。最速140キロを、制球と細心の注意でカバーする。「でもね、打たれても(先発に僕を)出した方が悪いという開き直り」の大胆さもこの日の荒木には同居していた。「緊張の2回」を切り抜けると荒木に初めて笑顔が戻った。

味方打線に「いけるっ」の気持ちを植え付けた瞬間でもあった。2回、5安打で4点。土橋6号、池山30号、笘篠1号、古田30号と9月25日以来の一試合4アーチも飛び出す。荒木も5回には右前打で、先発全員安打と湿りっ放しの打線まで復活させた。

5回。勝利投手の権利をつかむとコーチから降板を打診されたが、荒木は首を縦に振らなかった。「僕が1回でも多く投げたら（登板過多の）岡林も休ませられるし」。7回、自ら「ここまで」とマウンドを下りたが、打たれたヒットは2本（1本は内野安打）。四球は4個出してもシュートで3併殺と、中日打線に二塁さえ踏ませなかった。長時間試合で疲労のたまっていたナインには実に20試合ぶりの3時間を切るゲームだ。まさに「救世主」。チームを包むすべてを好転させたのだ。

それでも試合終了を待つラスト2イニングは長かった。「大差で気分的には楽だったけど、終われって祈っていた」。89年のロスでの入院、ヘルニアで自宅のベッドに横たわる自分が頭をめぐったというお立ち台で、目は潤んだ。「最終の阪神連戦、1回でも2回でも投げたい」。逆転Vへ荒木はチームもよみがえらせた。

4年5カ月ぶりの勝利。スタンドで観戦した母梅子さん（60）は、込み上げてくるものを抑え切れなかった。「点を取ってくれたんで楽に投げられたんだと思います」。この日は長兄隆志さん（34）に、次兄健二さん（32）家族ら親族5人が応援に駆けつけた。梅子さんは傍らのイスの上に、今年8月に亡くなった父和明さん（享年61）の写真を飾っていた。「オヤジが見てくれていたからでしょう」と健二さん。ヒーローインタビューは、近くで見たいという梅子さんの願いがかなって、一塁側のベンチ前で行われた。「緊張したのは初めだけです。あとは安心して見てました」。試合後も、しばらくは目が真っ赤だった。》

投げることが少しも怖くない

荒木の復活に勢いを得て、スワローズは14年ぶりのリーグ制覇を果たした。故障する前とあとでは荒木にどんな変化があったのか。

荒木は言う。

「以前は『勝ちたい』『いいピッチングをしたい』という思いが強かったんですが、復帰してからは投げること自体が楽しい。少しも怖さを感じなくなりました。それまではピンチになったときに『どうやって切り抜けよう』『打たれたらどうしよう』と考えていたのに、すごいバッターと対戦するのが楽しくなりました。『こんな場面で落合博満さんと対戦できるのか』『オマリーを抑えることができたらすごいな』と」

これまで以上に純粋に野球を楽しむことができるようになっていた。

「野球を始めたばかりのころに戻ったようでした。高校時代までは『楽しい』という気持ちが少しあったけど、プロになってからはそんな余裕はなくなっていた。でも、復帰してから引退するまで、『打たれたらどうしよう』『負けたらどうなるか』とは一度も考えませんでした」

荒木が復帰した1992年にスワローズはリーグ優勝、翌年は連覇を果たした。

「リハビリをしているときには、自分のいるチームが優勝することなんて、まったく想像もしていなかった。それまでのチームの状況を考えたら、とても、とても。『シーズンではできないから、ここでやろう』と言って、焼き肉屋さんでビールかけをするようなチームでしたから（笑）」

荒木がリハビリしていた1990年に野村克也が監督に就任してから、チームは大きく変わった。

「僕が手術する前とは全然違うチームになっていました。ロッカールームではいつもの和やかなスワローズです。ガヤガヤうるさくて、ゲームをする選手も将棋をうつ選手も、バカ騒ぎしているヤツもいる。ところが、みんな個性があって、まとまりのないチームなのに、ユニフォームに着替えると、ピーンと糸が張ったみたいな緊張感が生まれる。オンとオフがはっきりしたチームでした。1992年に一軍に戻ったときにそう感じました」

古くからチームにいる荒木にとって不思議な空間だった。

「勝手は違いました。もちろん、知っている顔がたくさんいて、ロッカーの雰囲気はそれまでと一緒。なのに、ユニフォームを着た瞬間に雰囲気が一変しましたから。そういうのはBクラスの常連だった時代にはなかった。スワローズは本当に変わりましたね」

負けたら自分を起用した監督のせい

荒木は1993年、17試合に先発登板して8勝4敗、防御率3・92という成績でチームの連覇を支えた。前年に敗れた西武ライオンズとの日本シリーズでは初戦に先発し、勝利を挙げた。スワローズは勢いに乗り、ライオンズを下した。荒木にとって初めて経験する日本一だった。

「1992年に対戦したライオンズには勝てる気がしませんでした。当時はセ・リーグとパ・リーグの交流戦もなくて、相手の情報が少なかった。日本シリーズで勝っているライオンズのイメージしかありませんでした。でも、翌年はまったく負けるとは思わなかったですね。相手を見下ろしていました」

荒木が先発した初戦は、6回を投げ4失点を許したものの、見事に勝利投手になった。

「1993年は『勝てるだろうな』と思っていたし、マウンドに上がるのが楽しかった。ほかにいいピッチャーがいるのに自分に初戦を任せてもらえることの喜びもありました。野村克也監督にはリーグ優勝が決まったあとに初戦の登板を告げられましたが『負けたら監督のせいだ』と思いました。だって、ほかにいいピッチャーがいるのに僕を起用するわけだから。エースでもないピッチャーを投げさせる監督の責任です（笑）」

最高の舞台で勝負できる喜び

野球界には「トミー・ジョン手術をすれば球速が伸びる」という説がある。荒木の場合、ストレートが速くなることはなかったが、別のところで利点があった。

荒木が説明する。

「それまでは試合試合の毎日だったので、鍛え方が不足していた部分がありました。しかし、リハビリ中には登板がないので、いくらでも鍛えることができます。ランニングとウエイトトレーニングの量が増えたことで、いままでにない体ができあがりました」

大矢は復帰後の荒木の変化を感じていた。

「1992年に復帰したときには、手に汗握ったよ。『日本シリーズでちゃんと投げられるのか』と心配もした。だけど、そんなことは必要なかった。手術をする前よりも、開き直っているように見えた。球速は少し落ちたかもしれないけど、度胸がよくなったと感じた。

あの野村監督に『任せた』『厳しい試合で投げさせよう』と決断させたことがすごい。やっぱり何かを持っているピッチャーなんだよな。故障明けのピッチャーをリーグ優勝が決まる大事な試合や日本シリーズで投げさせるなんて、勇気がいることだから。慎重な野村さんには珍しいことだと思う。ペナントレースの終盤や日本シリーズで荒木が投げるのを見て『本当にいい度胸をしてる』と感じたな」

本人が語っているように、野球ができる楽しさ、最高の舞台で勝負できる喜びを荒木は感じていた。

「荒木は、ああいう試合でマウンドに立って『自分にはもう何もないけど、全部を出し切ろう』と考えたんじゃないかな。そういう覚悟が見えたね」

右ひじの手術を決めたのが24歳のとき、再び一軍のマウンドに上がったときには28歳になっていた。何歳まで現役で投げ続けようなどと思わなかっただろう。いまを全力で戦うしかない。

「きっと投げられるところまで投げてやろうという思いだったんだろうね。そういう気持ちは本当に大事。それがなければあれほどの復活はきっとなかった。様子を見ながら投げているようでは、無理だったんじゃないかな」

本番だけで試される能力がある

勝つか負けるかの厳しい場面で、まったく不安や恐怖を感じない選手はいない。

「やっぱり大事なのは、腹をくくること。『どうしよう、どうしよう』と思っているうちに、ピンチは広がっていくんだから。勝負することから逃げてフォアボールを出して傷口を広げるピッチャーはたくさんいるよね。やると決めたらやる。そういうところが荒木なんだよね。あいつが歩んできた道がそういうことをさせるんだ」

修羅場、土壇場、正念場。言葉にするのは簡単だが、そこをどうやって乗り越えるのかは誰も教えてはくれない。

荒木は間違いなく、その術《すべ》を持っていた。

たとえば、ピンチの場面で、バッターのインコースを攻めること。これができるピッチャーがどれだけいるだろうか。

技術以外の何かが必要になる。

「度胸のいいピッチャーじゃないと無理だね。バッターが嫌がるところに投げられるかどうか。いくらキャッチャーが『インコースに投げろ』と言っても、それができるピッチャーは少ない。できたら、高い年俸をもらっているよ。やっぱりメンタルの強さがないとな。練習では投げられても試合ではできないピッチャーが多いから。特にインコースの高めはね」

プロ野球の世界では、本番だけで試される能力がある。

「それを持っているか、持っていないか。その差だよ。どれだけ練習しても身につかないものかもしれないね。ピッチャーの感覚のなかで『やれるか』『やれないか』だから。本当にボール1個分の差」

それが勝負を分けることになる。一流と二流の違いなのかもしれない。

「バッターからすれば、打ちにいっても、1個分、体の近くにくると怖くなっちゃうんだよ。でも、少しでも真ん中に入れれば打ち返すことができる。

より厳しいところに投げられるかどうかは、ピッチングのスタイルにもよるだろうね。いくら監督やコーチに『インコースを攻めろ』と言われても、投げるのはピッチャー本人だから。自分のピッチングスタイルをしっかりと持って、攻められるピッチャーは頼りになる。そこは、球速の問題じゃないよね。

インコースを攻めると決めて、最初のバッターに投げればいいとオレたちは思うんだけど、ピッチャーには難しいみたいだよ」

タイトルを獲っても大輔には追いつけない

荒木が日本シリーズで戦ったライオンズには、早実時代のチームメイトだった石井丈裕がいた。

1988年ソウル五輪で銀メダルを獲得したあと、ドラフト2位で西武ライオンズに入団した石井丈裕はプロ通算で68勝52敗10セーブ、防御率3・31という成績を残した。1992年には15勝をマークして最高勝率、MVP、沢村賞などを獲得している。

「大輔がひじの手術をして、リハビリを終えて復活したときは本当にうれしかった。彼が二軍でいる間はなかなか連絡できなかったけど、一軍に復帰したことがうれしくて、思わず電話しましたよ。

1992年、1993年に日本シリーズで大輔のいるヤクルトスワローズと対戦しました。やっぱり直接対決はしたくなかったですね。でも、そんな大きい舞台で試合ができることはうれしかった。

1992年はライオンズが勝って、翌年はスワローズが日本一になりました。大輔が復帰したばかりの年は複雑な思いがあったけど、1993年はそんなことを考えず、チームとして負けられないと思っていました。

タイトルを獲ったり日本一になったりしても、大輔に追いついたとは思いませんでした。ライバルというんじゃないんですよ。高校生のときに彼との勝負は一回終わってるんで。ずっと仲間としか思っていません」

手術前と比べて小さく見えた

中学時代の同級生の宮下昌己は、1990年に中日ドラゴンズから西武ライオンズに移籍したが、荒木が復帰した1992年にはユニフォームを脱いでいた。

「復帰したあとの大輔のピッチングを見て、ずいぶんフォームが変わったなと感じました。『そんなはずじゃないだろ。どうしたんだ！』と思いましたね。すっかり技巧派になっていて、以前と比べれば小さく見えた。もともと力勝負するピッチャーじゃないけど、昔のオーラがなくなって、さびしかった。

故障さえなければ、最低でも100勝くらいはできたピッチャーだと思う。もしかしたら、高校時代がピークだったのかもしれない。でも、あれだけ投げれば故障もするよね」

宮下自身は肩を痛め引退を余儀なくされた。

「昔のプロ野球は、ローテーションに入っているベテランでも、次の試合までの間にブルペンで100球、200球も投げましたから。オレなんか、ブルペンで1回から9回までずっと投げさせられたことがあります。『7球あれば肩はできるから大丈夫です』って言ってるのに……。分業制も進んだし、調整法も選べるようになってきているから、いまの選手たちがうらやましい」

スワローズは、1995年、1997年にもリーグ優勝を果たし、日本一にもなるなどセ・リーグの中心にいた。しかし、荒木の成績は下降し、1994年はわずか1勝だけ。1996年には早実の先輩でもある大矢が監督をつとめる横浜ベイスターズに移籍することになる。

荒木は言う。

「そのころ、どこかを痛めたということはありません。年齢的には30歳を少し過ぎたところで、まだ肉体的にも問題はありませんでした。でも、思い通りのピッチングができなくなっていた。若い投手の台頭もあって、一軍半くらいのポジションに追いやられました。『同じ力量なら若い選手を使おう』と思ったのかもしれません。チャンスがなくなってきたので、球団にお願いして移籍させてもらうことになりました」

荒木にとって、野球人生の終わりが近づいていた。

第9章
その後　甲子園のアイドルのいま

1982年にドラフト1位で入団して以来、13年間在籍したヤクルトスワローズに別れを告げた。右ひじの手術・リハビリから鮮やかに甦《よみがえ》った荒木から、かつての神通力は薄れていた。

故障した箇所にもう不安はなかったのに、以前のように生きたボールを投げることができなくなった。精密なコントロールにも陰りが出てきた。

1996年に横浜ベイスターズの監督に就任した大矢明彦は荒木の変化をこう語る。

「力のなくなったピッチャーの晩年はみんなそうなんだけど、甘いボールを打たれるようになって、どんどんマイナス思考に陥る。甘いボールは打たれるからもっと厳しいコースに投げようとして、ボール球が増える。フォアボールが多くなって、ランナーを溜めて打たれるケースが続く。これは、責められないね」

荒木の場合も例外ではない。32歳とまだ若かったが、かつての打ち取り方ができなくなっていた。

「20年ほど前は、30歳を超えたらもうベテランという扱いだったね。いまよりも戦力外になるのも引退するのも早かった。荒木については、『しっかり見てやらないとな』と思っていた」

ルーキー時代を知る指揮官のもとで新しい気持ちで戦うことで、荒木は何かを取り戻せたのだろうか。

「オレが聞いたのは、『もう1年だけ現役で投げたい』ということ。荒木には投げることに対する思いが強かった。ベイスターズはそのころ、ピッチャーが足りなかったから預かることになったんだよ。スワローズに入るとき、お母さんに『できることはやります』と言ったしね」

持てる能力をすべて出し切った

監督の大矢は、ローテーションの谷間の先発、あるいは故障したピッチャーの穴埋めにと考えていた。

「登板日の5日前くらいには次の予定を告げて準備をしてもらうようにした。ローテーションに入ってくれればいいと思っていたね。当時のベイスターズの先発陣なら、荒木を投げさせたほうが計算できる。やっぱり、ピッチングができる選手だったから。でも、スピードはそれほど変わってなかったんだけど、回転数は落ちてたんだろうな。ボールの質はもう以前とは比べられないほどだった」

プロのバッターは相手との力関係に敏感だ。怖さのなくなったピッチャーに対して容赦なかった。もうスワローズで不死鳥と言われた荒木大輔ではなかった。

「バッターはボール球に手を出さないし、長打が多くなったね。荒木といえども、苦しくなったら力も入る」

右ひじの手術から奇跡的な復活を遂げた伝説の男も、思うようなボールを投げられなくなっていた。

プロ野球選手としての荒木大輔の最期を看取ったのは、入団当時の教育係であり後見人でもあった大矢だった。彼以上の適任はいない。

「最後に神宮球場で投げるチャンスがあったから、荒木の家族には『明日、最後に投げますから』と連絡したよ。

引退してから『どうやって生きていくんだろう』という心配はあったよ。だって、ある程度、プロ野球で成績を残したとはいっても、そのあとの人生のほうが長いから。ベイスターズに移る前にスワローズからは『二軍監督をやってくれ』と言われたらしいんだよね。それを蹴って移籍したから、もう戻れない」

大矢は荒木の14年間のプロ野球人生をどう見るのか。

「オレは、荒木は頑張ったと思う。タイガース戦での1勝がプロとしてのスタートだったけど、あいつの体の状態とか持っている能力からすれば、すべてを出し切ったよ。スター性のある選手だったから、厳しい評価をされるかもしれないけどね」

1980年夏に甲子園で戦った愛甲猛は荒木をこう評価する。

「故障したことがもったいなかったと思う反面、逆にそれがよかったという感じもある。名前を残したというだけで成功者だし、最後までプロ野球で先発を任されるところにいたこともすごい」

松井秀喜の一発で引退へ

荒木が移籍したベイスターズには、甲子園で戦った池田のエース・畠山準がいた。

1982年ドラフト1位で南海ホークス（現福岡ソフトバンクホークス）に入団、ピッチャーとしてプロ2年目の1984年には5勝をマークした。その後、野手に転向。1991年から横浜大洋ホエールズ（現横浜DeNAベイスターズ）に移籍し、1993年にはレフトのレギュラーポジションを獲得し、オールスターゲーム出場を果たした。

その畠山が言う。

「セ・リーグとパ・リーグに分かれたから、プロに入ってからはほとんど会うことはなかった。僕がMVPに選ばれて賞金100万円をもらった1983年のジュニアオールスターゲームくらいかな」

プロ14年目に、かつてのライバルが同じユニフォームを着ることになった。

「あいつがベイスターズに来たからね。まさか同じチームで野球ができるとは思わなかった。大輔がベイスターズに入ったときにはもうかなり力がなくなっていて、ストレートは130キロそこそこ。コントロールもダメになっていた。

松井秀喜に投げたときには東京ドームの一番上の照明灯のところまで飛ばされたから。打った瞬間にホームランだとわかって、外野を守っていた僕は一歩も動かなかった。あの一発で引導を渡されたような形になりましたね」

もう少しリハビリ期間が短ければ……

新しいチームで復活を目指した荒木だが、1勝も挙げることができないまま、ユニフォームを脱ぐことになった。1996年の成績は5試合登板、4試合に先発して0勝2敗、防御率7・82だった。

荒木は言う。

「ちょうど、ベイスターズも若いピッチャーが伸びているところでした。僕はスピードで勝負していたピッチャーではありません。ボールのキレや変化球のコントロールも落ちていないと本人は思っていた。でも、評価をするのは他人です。『まだやれる』という思いもありましたが、引退を決意しました」

荒木のプロ通算成績は、180試合登板（先発116試合）、39勝49敗2セーブ、防御率は4・80だった。

「プロ野球選手としてひと通りのことをやらせてもらいました。オールスターゲームでも投げたし、開幕投手も、日本シリーズの初戦の先発登板も。リーグ優勝もできたし、日本一にもなれた。プロに入ったとき、僕はそんなことができる選手になれるとは思っていませんでした。プロ野球選手になることから逃げていたくらいだから。そういう意味では、自分なりに頑張れたんじゃないかな。

ただひとつだけ、もう少しリハビリの期間が短ければよかったのにとは思う。手術をして投げられない時期があったことで、いろいろなことを知ることができたのは僕にとって本当によかったんだけど、もう少し期間を短くすることができていれば……登板数も増えていただろうし、勝ち星も増やせたかもしれません」

プロで成功するイメージはまったくなかった

大学進学か、プロ入りか。周囲が大騒ぎしているころ、高校生の荒木は自分の将来を紙に書き出してみた。

早稲田実業からプロ野球に進む自分と早稲田大学野球部に入って神宮球場のマウンドに立つ自分。

それぞれの先にどんな未来が待っているのか。それをシミュレーションしてみた。

「この先『プロに行ったらどうなるんだろう』『早稲田大学の野球部に入ったらどうかな?』と自分がわかる範囲で考えました。紙切れに何度も何度も書いてみた。早稲田で活躍したら社会人野球の日本石油に入って……と妄想をふくらませました。でも、プロ野球に進んだ先のことがまったくイメージできない。こっちには何もない。真っ白なまま。

どう考えてみても、プロでうまくいく姿を思い浮かべることができなかった。自分がやれるイメージがまったくありませんでした」

そんな荒木の背中を押したのが、松園尚巳オーナーの言葉だった。

「オーナーは『全部任せろ。おまえを絶対に育ててやるから』と言ってくださいました。『きちんと教育するし、苦労をさせないから』と」

荒木はプロ野球に進むことを決断し、プロ野球選手として戦った。これからも野球人として生きていく。

「高校を卒業するとき、父親はプロ野球に行かせたかった。母親は大学進学を望んでいました。そのうえで『自分で決めろ』と言われました。プロに行くと決めるまで、どれだけ考えたかわかりません。

人生の選択は非常に難しい。よかったか悪かったかなんて、結果次第ですから。プロの世界に早く入ることも大事ですが、それがすべてではありません。迷ったときに大切なのは、自分で考えること。アドバイスはたくさん聞くべきですが、最後に決めるのは自分。そうでなければ、後悔します。

プロ野球選手になったことで、いろいろな出会いがありました。もしアマチュアのままだったら、2、3人の監督としか野球ができなかったでしょうが、プロ野球ではたくさんの監督と野球をさせていただきました。いろいろな指揮官のもとでさまざまな教育を受けたことが自分の身になっていると思います」

18歳の荒木が思い描くことができなかったプロ入り後の未来が実際にはどういうものであったのか――日本の野球ファンならばそれを知らない人はいないだろう。本人が驚くほどに熱く、ドラマチックな野球人生だった。

真っ白なままの未来に向かって一歩踏み出した18歳の荒木の勇気に、改めて拍手を送りたい。もし荒木大輔がいなかったならば、1980年代～1990年代のプロ野球はこれほど色鮮やかなものにはならなかったはずだ。

プロ野球の14年間で残した39勝49敗2セーブという数字以上の価値が荒木のピッチングにはあった。

「ピッチャーとして自分のいるべき場所に戻ったと思えたのは、神宮球場でのカープ戦。江藤智《あきら》（現読売ジャイアンツ三軍監督）に投げたときは、ものすごい声援で。広島側からも拍手をいただき、スタンドの前まで行って頭を下げたい気持ちになりました。相手チームに対するヤジが厳しい時代にそうして温かく迎えてもらったことをいまでも感謝しています」

頂点にいるのはいつも荒木大輔

16歳で甲子園の準優勝投手になったときのキャッチャーである佐藤孝治は、荒木大輔という人物についてこう語る。

「大輔は普通にいいやつですよ。まわりに流されることのない、決して自分を飾らない男。野球界でこれだけ名声を残せばもっと偉そうにしてもいいんだけど、そういうところもない。スポーツ選手、野球選手のお手本みたいな人物です。

ピッチャーであるということだけを考えれば、ひと癖もふた癖もあったほうがいいのかもしれない。昔の名投手と言われた人たちがそうだから。大輔はメンタルも性格も16歳のときのまま。そんな人間は珍しいんじゃないですか」

華やかな世界にいれば、誘惑もあっただろう。横道に逸《そ》れそうなこともあったかもしれない。

「でも、16歳の原型を保ったまま、成長していったんだと思います。もちろん、お兄さんの健二さんの影響もあったでしょう。親御さんも苦労なさったはずです。まわりの人に支えられ、甲子園に登場したときのままで生きてきた。本当にすごいと思います」

歴史に「もし」があるならば、荒木のいまは相当変わっていることだろう。

「もし、お兄さんが野球をやっていなければ、お兄さんじゃなくてお姉さんだったら、大輔は野球をしてなかったかもしれない。もし早実の2年生エースだった芳賀誠が大会前にケガをしなかったなら、1年生でマウンドに上がることはなかったでしょう。僕たちは甲子園に出ることができなかったかもしれない。そう考えると、恐ろしくなりますね」

荒木は自分の野球人生を生き、多くの人の生き方まで変えた。

1982年夏の甲子園優勝投手である畠山だが、何歳になっても荒木へのリスペクトが消えることはない。

畠山は言う。

「大輔のことをライバルだと言ってくれる人もいました。でも、僕にとっては憧れであり、スーパースターなんです。そういう男と同期であることを誇りに思っています。いくつになっても、荒木大輔は大きな存在です。僕たちの学年の優勝チームは池田だったけど、頂点にいるのはいつも荒木大輔だから」

中学時代の同級生だった宮下昌己にとっての荒木は、最後まで野球好きの少年のイメージのままだった。

その宮下が言う。

「ライオンズで2年間プレーしたあと、他球団へのトレードの話があったけど、『もう肩がダメなんで』と断って、自分からユニフォームを脱ぎました。あとから人づてで聞いた話なんですが、大輔が『なんであいつはあんなに早くやめちゃうんだ』と言っていたらしい。それを聞いて、『そうか……あいつより先にユニフォーム脱いじゃったなぁ。無理やりにでもやっときゃよかったかな』と思って、少し後悔した部分があります。

昭和のプロ野球で活躍する選手は、ひと癖もふた癖もある人ばかり。怖い先輩がたくさんいました。でも、大輔は本当に癖のない男で、ずっと優等生。ただただ野球が好きで、ひたすら野球に打ち込んできた。そのストイックさは見習うべきものがありました。話をするたびに『野球が好きなんだなあ』と感じました。本当に野球にすべてを捧《ささ》げてきた男でした」

甲子園が荒木を育てた

もし甲子園で活躍することがなければ、荒木がプロ野球選手になることはなかったかもしれない。同じように、荒木大輔というピッチャーが出現していなかったら、高校野球も違うものになっていただろう。

「僕が甲子園で投げたのはもう40年近く前のこと。それなのに、甲子園球場に行くと『サインを書いて』とか『甲子園のときの話をして』と言ってもらえることは本当にすごいことです。当時、まだ生まれていなかった若い人に、そのころの話を尋ねられることもあり

5度出場した甲子園が荒木の野球人生を支えた

ます。そのたびに、甲子園というものの大きさを感じています」

甲子園が荒木を育てた。だから、いまでも聖地には特別な思いがある。

「2015年12月に、全国高等学校野球選手権100周年記念大会が甲子園球場で開かれました。第1回大会に出場した10校が集まるなかで、始球式をさせていただきました。早実のユニフォームを着たとたん、ものすごく緊張して、ボールが手につかないくらいになって……。甲子園のマウンドには数え切れないくらい上がっているし、解説者としてグラウンドにも入っているのに、早実のユニフォームを着たことで、緊張して鳥肌が立ちました。高校時代にはそんなことは一度もありませんでした。そう感じさせたのは甲子園の力だと思います。あれは不思議な体験でしたね」

甲子園に5度も出場し、頂点には立てなかったものの、12勝も挙げることができた。高校卒業後にドラフト1位指名を受けてプロ野球選手になり、ふた桁勝利も開幕投手も、日本一も経験した。野球選手としての幸福をすべて味わったように見える。思い残すことはないのだろうか。

「後悔は何もありません。ただ、もしもうひとり荒木大輔がいたならば、大学に行ってみたかった。早実の同級生に会うたびにそう思います。大学生活も、野球も含めて、楽しそうじゃないですか。僕は学校が好きなんです、勉強はそうではありませんが。小学校からずっと、仲間といることが本当に大好き。甲子園で思い出すのも、勝ち負けよりも、仲間との時間ですから」

荒木にとって、最後の夏に池田に2対14で大敗したことがターニングポイントになった。

「逆に、終わり方がメチャクチャだったことがよかったのかもしれません。2年生であんな負け方をしたら、そのあと投げることが怖くなったでしょう。『どこに投げればいいんだろう』と考えて、以前のようなピッチングはできなかったはず。

でも、あの悔しさを持ちながら、プロ野球という次のステップに上がったことで、思い切ってチャレンジすることができたし、『高校時代の実績なんか関係ない』と区切りをつけることもできたんです。

僕は甲子園で活躍したことでドラフト指名されましたが、プロ野球には甲子園に出たことのない選手がたくさんいる。甲子園に出て満足した人間より、出場できなかった悔しさをバネに頑張る選手のほうがいい結果を残すこともあります。負けたことが『次は頑張るぞ』というパワーの源になるんです」

迷ったときに大切なのは自分で考えること

1996年限りで現役を引退した荒木は、野球解説者として活動したあと、1999年、メジャーリーグのクリーブランド・インディアンス傘下のマイナーチームにコーチ留学をした。

2000年から2003年までは野球解説者として活動した。

2004年には西武ライオンズの一軍投手コーチに就任。

2008年から2013年まで東京ヤクルトスワローズの一軍投手コーチ、チーフコーチをつとめた。

荒木は引退後をこう振り返る。

「僕がコーチとして最初にユニフォームを着たのはアメリカなんですね。マイナーで指導者としてスタートを切ったので、その色のほうがちょっと強い。選手には自由に、彼ら主導でやってもらう。もし、困ったときには僕たちコーチの出番になります。

日本でコーチとしてユニフォームを着るようになってからも、基本的にはそのスタンスです。選手、スタッフによっては『荒木は何もしない』という見方があったかもしれないけど、それが僕のやり方。自分の考えややり方を押し付けないかわりに、選手に何かあったときにはすぐに応えられるように準備はしていました」

人間なら誰しも悩む。選択肢があればなおさらだ。人生の大きな選択の場面では、何に気をつければいいのか。

「大切なのは、まずやってみることです。『きっとダメだろう』『難しいよね？』と考えるだけではなくて、実際にやってみる。高校1年生のとき、『甲子園で勝てるはずがない』と思っていたのに、やってみれば準優勝。プロ入りするときにもプロ野球から逃げていたのに、そこそこ活躍できました。

僕は長くプロ野球でコーチをしていましたが、ドラフトで指名されて入団した選手に『絶対にできるから』と言っていました。不安な材料を探しはじめたらきりはありません。『オレはできる！』と思ってやっていれば、いずれできるようになります。反対に『オレはダメかな？』と思うとその通りになってしまう。基本は『オレはできる！』と思ってほしい」

4年以上に及ぶリハビリの経験がコーチ業にも活《い》きた。

「天才型と努力型の選手がいるとしたら、どちらかと言えば、僕は天才型に分類されるでしょう。走り込んだり、投げ込んだり、猛練習をして技術を身につけたわけではないから。リハビリ生活をするまでは、『なんでそんなことができないのかな』『できない理由がわからない』と思っていました。でも、うまくできない選手に対する見方が変わりましたね。全体を見る我慢ができるようになった」

二軍監督になって感じた野球のおもしろさ

2018年3月、荒木の姿は北海道日本ハムファイターズの二軍施設、鎌ケ谷スタジアムにあった。二軍監督として、チームの練習に目を光らせていた。

2017年秋に就任要請を受け、二軍監督となった。コーチ経験はあるが、初めての仕事だ。

「魅力的なポジションだったので、話をもらったときはものすごくうれしかった。若いときならもっとよかったのかもしれないけど、この年齢になったから見えてくるものもある。

スタッフとのコミュニケーションなんかはそうですね。野球の世界で生きていくうえでは本当にいい経験をさせてもらっています。勉強中のこともたくさんあって、54歳になっても失敗して悩むことがある。それは幸せなことですよ」

大矢は荒木から電話で二軍監督就任を聞いた。

大矢が語る。

「荒木から、『ファイターズから話をもらいました』という電話をもらったから、『何やるんだ?』と聞いたら、二軍監督だと言う。地味なポジションではあるけど、勉強できるからいいと思った。荒木の野球人生を考えると、すごく大事なポジションだからね。

いままではピッチングコーチばかりだったけれど、二軍監督は一番勉強できるところ。野球の視野を広げるという意味でも大事だし、それをすることによって自分が覚えなきゃいけないことも見つかると思う。そういう意味では勉強だよね。ピッチングコーチではできなかったことを経験できるから」

エリート街道を歩んできた荒木とはまったく違う育ち方をしてきた選手がたくさんいる。ときには、理解に苦しむこともあるだろう。

「二軍だから、荒木からすればプロとは思えないような選手もいるかもしれない。選手にとっても勉強だし、指導者もそう。監督をやれば、『えっ、こんなこともあるのか？』と驚くようなことも起きる。若い選手が多いと特に。そういうことも含めて人生勉強だよ」

ファイターズには早実の後輩である斎藤佑樹もいる。2017年秋のドラフト会議で1位指名された清宮幸太郎も入団してきた。

「それも縁だよね。オレはいずれ、荒木には一軍の監督をやってもらいたい。本人がどう思ってるかは知らないけど、先に目標を持って、勉強してほしいよ」

高いレベルでの勝負を！

中学時代の同級生だった宮下昌己も、荒木の二軍監督就任を喜んだひとりだ。

宮下は言う。

「これまでずっと、『どこかのチームの監督をやってくれないかな』と思っていて、今シーズンからファイターズの二軍監督になったことはうれしいね。でも、大輔は二軍監督向きじゃないような気がする。できない選手の気持ちがわかるんだろうかという心配はあります。きっと、自分でできなかったことなんか、ないと思うから。ずっとエリートできた人間だし、できたら一軍の監督をやってほしい。

選手を育てるよりも、一軍の高いレベルで本当の勝負をしてほしい。日本シリーズみたいな大きな舞台で、また切った張ったの試合をしてほしい。大輔が力を発揮するのはそこじゃないかな？　それで、一軍の監督になったら、二軍の投手コーチでオレを呼んでほしいよ」

荒木への要望もある。

「プロとして見た場合、癖のないところが、彼の欠けている部分かもしれないとも思う。よくも悪くも、エピソードがない。絶対におかしなことをやらかさない、隙のない男なんですよ。いじられたり、からかわれたり、そういう扱いを受けたことがないんじゃないかな。そういう意味では、面白味はまったくない！

オレが言うことじゃないけど、もっと遊び心を持てばと思います。これまできっと、悪さをしたことがないでしょう。ときには、そういうことも必要だと思います」

早実時代のチームメイトの石井丈裕は現在、埼玉西武ライオンズのアカデミーで少年たちの指導を行っている。彼もまた二軍監督になった荒木に期待を寄せる。

「現役を引退してからは冗談も言うようになったし、地を出すようになったと感じていました。でも、二軍監督になったらまた何かを背負うことになるのかな。大輔ができない人間の気持ちを理解することは難しいかもしれないけど、そこに合わせる必要はないと思う。高いところにハードルを置いて、成長を待てばいい。あくまで高いレベルを目指してほしい」

やること、考えることが山ほどある

背番号85のユニフォームに身を包んだ荒木大輔は、野球解説者時代よりも表情が引き締まって見える。

「コーチ陣はみんな専門職だから、ピッチング以外のこと、バッティングや守備、走塁について、勉強させてもらっています。これまでは投手コーチしかやったことがなかったんで、すごく新鮮ですよ。野手の見方を考えたことがなかったから。

基本的には、コーチ陣に任せているけど、気になることは質問するようにしている。試合のオーダーも自分でつくってみて、コーチとすり合わせて、意見が分かれたところは譲ることが多いかな。そこで意見交換ができるし、勉強になりますよ。ものすごく、楽しい」

二軍は若手の大事な育成の場ではあるが、同時に勝利を求めなければならない。自分が指揮をとるようになってから監督に対する印象が変わった。

「これまでは、『監督は楽でいいな』と思っていました。でも、とんでもない。やること、考えることが山ほどある。チームが勝つことも大事なんだけど、選手にいろいろなことを気づかせてあげたい。育成の部分のほうが大きいですよ。

もちろん一軍は勝利優先だし成績重視だけど、二軍はそれだけじゃない。結果に対する喜びや後悔の中身がちょっと違うかもしれない」

荒木はこれまでに経験したことのない野球のおもしろさを感じている。

「本当に、全然違うね。これまでなら、野手のバッティング練習を見ていても、『この選手は今後どうなるんだろう』とは思わなかった。あくまでピッチャー目線で見ていたから。ピッチャーに関することはちょっと脇に置いて、それ以外のことをしっかり見るようにしている」

守備の場面でも、攻撃においても、作戦を決めるのは監督の仕事だ。これまで荒木は攻撃のサインを出したことは一度もなかった。40年を超える野球歴で初めての経験だ。

「コーチに任せればいいのかと思ったらそんなことは全然なくて……全部自分で考えています。いままでにしたことがないので、楽しくて仕方がない。守備のシフトを敷くのも、攻撃のサインを出すのも。チームにはチームの決め事があるからそれを頭に入れたうえで、どうするかを考えています」

二軍には高校を卒業したばかりの18歳から30代のベテランまで、さまざまな年齢の選手がいる。

「若い選手とは年齢差があって、親子以上に離れている。最近の若い選手はいい子が多いと感じます。だから、話をしたらきちんと聞いてくれるし、すぐにやろうとする。そういう意味ではムチャクチャかわいいですよ」

ドラフト1位で入団してきた清宮は開幕一軍の予定だったが、体調を崩したために二軍落ち。荒木のもとで、プロ野球選手としてのスタートを切った。

「清宮は二軍に落ちたことによって、いい経験ができたんじゃないかな。故障や病気がよかったということはないんだけど、そのおかげで彼はそれまでしたことのないことを経験できた。ボールを運んだり練習の準備をしたり雑用みたいなことをすることって、本当に大事なんですよ。

でも、あのまま一軍にずっといたら、誰かがやってくれるのが当たり前になったかもしれない。そういう意味では鎌ケ谷を経験してよかったと思う」

清宮は2018年5月2日に一軍デビューを飾り、プロ初打席で豪快な二塁打を放った。

「プロ野球選手は一軍でずっと活躍するのがいいに決まっている。でも、長い人生を考えれば、二軍の試合でずっとベンチに座っていることも、雑用をすることも、声出しをすることにも意味がある。これまで試合に出るのが当たり前、活躍するのが当然だったんだろうけど、ストレスを感じるのもいい勉強ですよ。

僕も高校時代にはレガースを拭いたりボールを磨いたりしてきました。そういうことが選手としては大事なんですよ。もし何も経験しないで一軍選手でずっとやっていったら、プレーヤーとしてはすごい成績を残すかもしれないけど、きっと本当のスーパースターになれない。そういう感覚がわかって、きちんとした考え方ができないと本物にはなれないんじゃないかな」

清宮にとって、野球人生はこれからだ。

「今後、どれだけ活躍して、どれほどの選手になるかはわからない。でも、新人のときに経験したことを覚えていてくれれば、それがいつか役に立つと思う」

早実の和田明監督に見出《みいだ》され、甲子園に5回出場した「甲子園のアイドル」。

愛甲猛、金村義明、畠山準など好敵手を相手に名勝負を繰り広げた男は、右ひじの手術からリハビリを経て、プロ野球でも伝説を残した。

引退後にコーチ、野球解説者を経て、二軍監督という仕事につき、いま、甲子園で輝いたスターをさらに大きく羽ばたかせようとしている。

おわりに

荒木大輔が甲子園に「降臨」した1980年。

私は中学1年生で、野球部員として初めての夏を迎えていた。それまでも高校野球のテレビ中継を見ていたし、甲子園のスタンドで応援したこともあった。

しかし、荒木のいる甲子園はそれまでとはまったく違って見えた。早稲田実業のユニフォームが、おおげさではなく、輝いていた。本書のカバー写真や本文中のプレー写真を見るだけで、私は38年前にタイムスリップできる。「WASEDA」のロゴに魅せられ、甲子園のその先に東京六大学という世界があることを知った。6年後、立教大学に進学して野球部に入り、タテジマのユニフォームに身を包むことになる私も、荒木に人生を変えられたひとりだ。

1980年、早実の1年生エースは甲子園で何を思ったのか？
チームメイトや対戦相手はどんな気持ちで戦ったのか？
1980年夏から1982年夏までに高校野球で何が起こったのか？
荒木大輔というピッチャーは野球界の何を変えたのか？

それらを知りたくて、私は本書を書いた。

荒木の人生をたどるうちに、スーパースターは自分の力だけで大きくなるわけではないという事実に改めて気づいた。1年生エースの活躍の陰には、早実の和田明監督、捕手の佐藤孝治をはじめとする3年生、控え投手の石井丈裕など、まわりでサポートに徹した人たちがいた。彼らのおかげで、荒木はあれほど強烈な光を放つことができたのだ。
プロ入りに際して、荒木の母を説得し、後見人・教育係となった大矢明彦は特に大きな存在だった。早実の先輩であり、和田監督の教え子でもあったヤクルトスワローズのベテラン捕手がいなければ、プロで活躍することはできなかったかもしれない。

荒木は大矢について言う。

「大矢さんはものすごく気遣いをされる方で、相手がどんな人でも分け隔てすることがありません。プロ野球の監督になってからも、自分でトンボを使ってグラウンドをならすような人。ボールの入ったカゴも運んじゃうような、ね。ピッチャーを代えたら、ロッカールームまで行って、その理由を説明するような監督でした。

後輩だからとか、新人だからといって、偉そうな顔をすることは絶対になかった。僕も厳しいことを言われた記憶はない。優しく諭《さと》してくれるような先輩でしたね」

だからこそ、プロ入りに反対していた荒木の母の信頼を得ることができたのだろう。もし大矢がいなければ荒木がスワローズのユニフォームを着ることはなかったかもしれない。

大矢が母親の不安を取り除くために何度も会っていたことを、荒木本人は長い間知らなかった。

「もうずいぶん経ってから、取材の人から聞いたことがあります。僕が入団したのは、大矢さんも引退が近づいていた時期。それなのに、いろいろな場面で力になっていただいて感謝しています」

大矢という後見人がいたおかげで、チームにもすんなりと溶け込むことができた。当時のスワローズはBクラスが定位置で、慢性的に投手層が薄かったことも荒木にとってプラスに働いた。普通なら、「甲子園のアイドル」に対して、ジェラシーを覚える選手がいるものだが、荒木は余計なことに煩わされることなくプレーに集中できた。

「先輩方にもよくしていただきましたね。やっかみみたいなものを感じたことはまったくなかった。ただ、僕が感じていなかっただけかもしれないけど(笑)。高校を出てプロに入って、すぐに一軍で投げさせてもらってよかったのかもしれない」

荒木はよき先輩、チームメイトに恵まれて、その野球人生をまっとうすることができた。本書に登場する人たちの言葉を読んでもらえれば、荒木大輔という野球人がどれだけ愛される存在だったかということがわかっていただけるだろう。

本来であれば、もうひとり、証言者として話を聞くべき人物がいた。

1980年夏の甲子園で、荒木のうしろ、セカンドを守り、幾度となく好プレーを見せた小沢章一だ。小沢は荒木とともに5回も甲子園に出場し、3年時にはキャプテンもつとめた。

荒木は小沢についてこう語る。

「小沢は野球選手としての能力が高かったし、何でもできちゃう男だった。本当に野球が大好きでね。1年生のとき、同級生がいてくれて安心だったし、戦力としてもチームに欠かせない存在だった。お互い、気をつかう必要がなくて、言いたいことを言い合える仲間でした。クラスも一緒だったし、親同士が仲良かったから、家に泊まりにいったこともあったね」

高校卒業後、荒木はスワローズに、小沢は早稲田大学に進み、進路は分かれた。

「プロ野球と高校野球で住む世界は違っていても、ずっと付き合いは続いていました。節目節目で連絡をくれて、お互いの予定が合うときには、よく食事をしていました。僕が現役を引退して西武ライオンズのコーチになったときには『今日の試合はどうだった』などと話をしました。

あいつ、ライオンズのセカンドだった高木浩之のファンだったから、『あのプレーはよかったな』と話したりして。自分の高校時代と重ね合わせていたのかもしれないね。彼のプレーが気になっていたみたい」

念願の高校野球の指導者になった小沢だが、千葉英和（千葉）の監督をしていたときに、病魔に襲われた。そして２００６年1月にかえらぬ人となった。享年41。志半ばの、あまりにも早すぎる死だった。

「当時の野球部長に連絡をもらい、彼の病気のことを知りました。『実は小沢が病気で体調がよくない。先に連絡を入れておこうと思って』ということで。

シーズン中だったこともあって、こちらからはなかなか連絡ができず、小沢から連絡が来るのを待つ感じだった。毎年、年末に早実の同期で集まる会があって、小沢が頑張って出てきて……そこで会ったのが最後でした」

甲子園出場の夢は果たせぬままだった。

「そのとき、どんな話をしたのかな？　内容は覚えていないけど、あいつとは野球の話しかしないから。甲子園に行ってほしくて、応援していたんだけど、残念だった。できれば、早実のユニフォームで甲子園に立たせたかったですね。本当に真面目で、野球が大好きな男だった」

本書を読んで、１９８０年夏の甲子園で躍動したもうひとりの1年生の姿を多くの方に思い出していただければと思う。


本書では、ご本人だけでなく、荒木大輔さんのまわりにいた多くの方々に取材のご協力をいただきました。

中学時代の同級生の宮下昌己さん、早実の先輩捕手の佐藤孝治さん、控え投手の石井丈裕さん、二松學舍大附属のエースだった市原勝人さん、甲子園で対戦した愛甲猛さん、金村義明さん、畠山準さん、川相昌弘さん、三浦将明さん、早実の先輩であり、ヤクルトスワローズでもバッテリーを組んだ大矢明彦さん。

貴重な証言をしてくださったみなさまにこの場を借りて、感謝の意を表します。

最後に、本書を読んだ方が、1980年夏の甲子園に戻れますように！

ひとりでも多くの人があの熱気を思い出せますように!!

そう念じながら、「荒木大輔を巡る旅」を終わります。

2018年6月　元永知宏

参考文献

新装版　早実野球部栄光の軌跡（ベースボール・マガジン社）
アサヒグラフ（朝日新聞社）
輝け甲子園の星（日刊スポーツ出版社）
週刊ベースボール（ベースボールマガジン社）
日刊スポーツ

業学校
ASED

元永知宏　もとなが　ともひろ

1968年、愛媛県生まれ。立教大学野球部4年時に、23年ぶりの東京六大学リーグ優勝を経験。大学卒業後、ぴあ、KADOKAWAなど出版社勤務を経て、フリーランスに。著書に『期待はずれのドラフト1位　逆境からのそれぞれのリベンジ』『敗北を力に！　甲子園の敗者たち』（岩波ジュニア新書）、『殴られて野球はうまくなる!?』（講談社+α文庫）、『敗者復活　地獄をみたドラフト1位、第二の人生』『どん底　一流投手が地獄のリハビリで見たもの』（河出書房新社）がある。

荒木大輔のいた1980年の甲子園

2018年7月10日　第1刷発行

著　者　元永知宏

発行者　鈴木晴彦
発行所　株式会社　集英社
〒101-8050　東京都千代田区一ツ橋2-5-10
編集部　03-3230-6206
販売部　03-3230-6393（書店専用）
読者係　03-3230-6080

印刷所
製本所　凸版印刷株式会社

装　丁　鈴木ユキタカ　うえさかあらた（コイグラフィー）
写　真　岡沢克郎
編　集　内山直之　和田哲也

ISBN978-4-08-780849-0　C0076